ちくま文庫

次の時代を先に生きる

ローカル、半農、ナリワイへ

髙坂勝

筑摩書房

目次

文庫版まえがき

この文庫本を手にしてしまった君に不幸が待っているのか、幸せが待っているのか、それは君次第だ。著者の私は君が不幸になっても保証しない。が、幸せになったら感謝だけ頂こう(笑)。冗談はさておき、そういう本なのだ。知識だけを詰め込んで誰かに知ったかぶって論じたいだけなら読まないほうがいい。君が行動を起こすための本である。行動しないなら不幸が続く、行動するなら幸せに近づける、と言わないまでも、自由が待っている、と言えばいいだろうか。冒頭から大袈裟に、そして挑発的に書いてしまったが、あながち嘘ではない。2016年にこの本が単行本で出版されてから4年近くが経つが、その間、読者がどれだけ行動を起こして、生き方と働き方を変え、自由になったことか。その数えきれないほどの感謝を頂戴している。突然、私に会いに来た人が、「会社を辞めることができた」「就職しないで生きてみる」「地方に移住する」「小さな起業をする」「思い切って踏み出せた」「食べ物を育ててみる」など、「ありがとう」という感謝を添えて語ってくれるのだ。「不幸になった」という怒りや不満のクレームは幸いにして届いていない。君がこの本の内容を不幸を続けるための葛藤に使うのでなく、未来を自由にするための踏み台に使って欲しい。そう願って文庫化のまえがきを書き始めた。

「突然、私に会いに来」てと先ほど書いたが、「？」と思わないか。なぜ読者が著者にアポなしで会いに？　ＳＮＳなどで読者が気軽に著者とつながりやすくなったとはいえ、会って長く話す機会はそうそうない。

理由は２つ。

１つ目。私のナリワイが東京池袋で営む Organic Bar だったから。しかも１人で営んでいたので、開店していれば私に会いに来てもらえたのだ。とは言っても、働き方改革なんていう言葉を政府が言い出す前から週休３日で、しかも土日月が休みで、営業日でも夜しか開いていないし23時半には閉めてしまっていた。顧客志向が全く感じられない。なのに北海道から沖縄までくまなく日本中からお客さんが来るだけでなく、韓国や台湾からも訪ねてきた。平日夜しか開いてないので遠方の方はわざわざ仕事を２日間休んで来たのだろう。14人で満席の店で、６席のカウンターにはいつも語りたい人が座り、私とだけでなく、その日に居合わせる赤の他人と、人生を、過去を、そして未来を、語り合って名残惜しく帰っていった。

だが、そのOrganic Barは、もうない。2018年3月末で閉じた。2020年のオリンピックを東京で過ごしたくなかった。スポーツは好きだ。しかしオリンピックの祭典の陰で奪われる犠牲や不幸（例えば、新国立競技場のために居住排除がされたり、建設に使われる木材がマレーシアの熱帯雨林であるサラワクの森からの伐採で先住民が困窮して反対署名を日本大使館に提出していたり、オリンピック開発のお金があるならフクシマの被災者や社会福祉に回してもらいたいことなど）を知って、そんな祭典のど真ん中で興じたくなかったからだ。2016年に書いたこの本にも店を閉じると宣言している。有言実行したわけだ。今はないOrganic Barの夜の囁きを想像しながらこの本を読んで欲しい。

理由の2つ目。千葉県の匝瑳《そうさ》市で、米作りを11年間続けていて、SOSA PROJECTというNPOも営んでいる（2011年〜）。東京池袋でOraganic Barを営みながら千葉県の田舎でNPOを？？？　と思われるかもしれない。その辺りの説明は本編に譲ろう。米作りや移住斡旋を都心暮らしの方々に実践してもらうことが目的のNPOだ。その米作りに多くの方が参加、見学に訪ねてくる。Organic Barの夜の囁きとは違い、降り注ぐ太陽、広く蒼い空、そよぐ風、揺れる木々、生き物たちのざわめきに囲まれて、私に物語を語りに来てくれるのだ。

さて、ここで、著者の高坂は今、どこで、何をしているのか？　と疑問がわく方がいるかもしれない。答えはシンプル。Organic Barを閉じた後、完全に千葉県匝瑳市に移住しただけだ。毎朝毎夕、海と半島から昇り始める陽の出を眺め、夕暮れ時に広大な空からデコボコの平地と民家に沈みゆく太陽と橙色のグラデーションを拝む。陽が暮れれば、澄んだ星とお月さんに目を奪われる。視野を邪魔する電線は邪魔だが、仕方あるまい。充分に満足だ。

今、私は49歳。貯蓄がちょっとあるだけで、収入は月に10万〜15万円で少ない。金融投資や運用は皆無。ネットワークビジネスもしてない。本の印税も年間で5万円程度。だからアーリーリタイアではない。それなりに仕事もしているし、やりたいことで無駄に忙しい。しかしハンモックでの昼寝は欠かさない。またもや、「？」か。

この続きは、本編と増補でね。

Introduction はじめに

経済成長しなくなって25年近く経つ。
現在25歳以下の人は、経済成長なんて見たこともない。40歳近くの人でも、高校生の頃の記憶にわずかに残っている程度だろう。しかし世の中では、政治家も産業人も専門家も「経済成長のため」と口を揃える。だからなんなの？

「日本は経済成長できずにいますが、どうしたらよいでしょうか？」

15年くらい前（2016年時点）のあるテレビ番組で、こう質問されたヨアン・ノルゴー氏。幸福度が常に上位にあるデンマークにおいて、かの国を自然エネルギー社会に導いたのが市民科学者の彼だ。普通の政治家や専門家なら「労働生産性をあげよ」「さらに投資すれば」「イノベーションで」、そして「もっと頑張れば」という言葉を返すだろう。しかし彼は、その決まり文句を裏切って、皮肉とユーモアを込めながら、飄々と返した。

「もうそろそろ頑張るのをやめたら、日本人は幸せになりますよ！」

世界一貧しい大統領と言われる南米ウルグアイのホセ・ムヒカ元大統領。２０１２年のブラジル・リオ会議でのスピーチはあまりにも有名だ。彼のメッセージはいたってシンプル。

「私たちは発展するためでなく、幸せになるために生まれてきた」
「成長を求めるな、幸せを求めよう！」

世間では、経済成長すれば幸せに帰結すると思わされている。経済成長すればすべてが解決すると思い込まされている。経済成長しないから様々な問題が生まれていると思い込まされている。しかし、ノルゴー氏とムヒカ氏の発言はまるで逆だ。成長を目指すから幸せになれないのだと。

私はOrganic Barを1人で営んでいる（＊２０１８年3月末で閉店、理由は後述）。先日、遠方から当店に訪ねてきてくれた30歳の男性は、農業機器の製造メーカーで営業をしていたが、今は休職中だ。見た目は色艶よくて健康そのもの。素直で明るく爽やかで、悪いことができるタイプではない。そんな彼がなぜ心を患ったのか。「仕事の闇」が自己嫌悪や家族との関係にまで派生して「自分の闇」へと深くなる。

ここ数十年、農業就業人口は急激に減ってきた。1990年には約480万人だった。2008年に約300万人に減った。2016年には約192万人まで減った。すごい下降線だ。なのに、会社が彼に与えた売上目標は常に前年比の10%アップだった。頑張った。8600万円の売上目標を超えて1億4000万円を売ったこともあった。しかし段々売れなくなった。主任になった。躁鬱が激しくなった。1日に3時間しか眠れなくなった。心がプッツンと折れた。そして休職した。

買う人が前年比で10%近くダウンしているのに、前年比10%アップの売上目標。どう考えても、オカシイ。「労働生産性をあげよ」「さらに投資すれば」「イノベーションで」なんてもので、どうにかなるものでない。結局、「もっと頑張れ」の精神論になる。経営者も上司も、方策示せず、売上目標の空虚な旗振りだけだ。結局、「騙す」「誤魔化す」「嘘をつく」が横行する。

彼は、農家さんから機械の故障で部品の交換を頼まれても、その部品はないと言って新品に買い替えさせた。実は部品はあるのに！　そうやって幾度となく騙した。良心の呵責に悩んだ。しかし他の営業マンの誰もがしている、同業他社もしている、生き残るには仕方がなかった。「農業機器メーカーなんて信用しないでくださいね」って苦笑いしながら彼は私に話してくれた。この方は悪い人だろうか？　弱い人だろうか？

これは農業機器メーカーだけの話？　減っているのは農業就業人口だけではない。日本の総人口も減っている。労働人口も減っている。正規雇用も減っている。まともな仕事が減っている。実質賃金も減っている。君の財布の中身もおそらく減っている。だからこんな本を手にしてしまったのだろう！

もう気づいたほうがいい。そろそろ勘づいたほうがいい。**経済成長などできない、と。経済成長など必要ない、と。経済成長を目指すからすべての不幸が生まれている、と。**

経済成長を目指した結果、格差が広がった。望もうが、望まなかろうが、低収入時代に突入した。今の経済成長システムにしがみつこうとするほど、ますますジリ貧になる。**だから、もうそろそろ、次の時代を先に生きてしまえ。それが幸せへの近道だ。**

次の時代を先に生き始めた君が、今迷う誰かの未来になる。時代を変えてゆく1人になる。**経済成長なんてクソ喰らえ。経済成長神話から脱出しよう。**経済成長イデオロギーから脱出しよう。君が今までの生き方をRe Lifeし、働き方をRe Workして、人生をRe Designする時が来ている。

今の世の中に疑問、不安、虐げを感じているとしたら、この本の先に読み進めてほしい。Re Life, Re Workで幸せに近づくヒントにして欲しい。もう一度言う。経済成長はもうないし、必要ない。そういう世界経済のカラクリなのだから。「The労働者」「The消費者」におとしめられるだけだ。

君は誰かに指示されるために生まれてきたのではない。君は給料を渡されるために生まれてきたのではない。君は消費させられるために生まれてきたのではない。経済成長至上主義から卒業してこそ、やっと新しい生き方が始まり、次の時代が始まる。農業機器メーカーの彼も、もう頑張るのをやめて、幸せになろうとしている。

時代の先を、満足感に溢れながら、生き抜くことは、そう難しくない。意外とシンプルで簡単だ。未来へのページを開こう。

次の時代を先に生きる——ローカル、半農、ナリワイへ

第1章

Re:
My Story

私が選択した道

Re:My Story 私が選択した道

■自分サイズで生きていたい

この本を手にしても、私、高坂勝《こうさかまさる》を知らない方が多いだろう。自己紹介がてら、私についての歴史を書かせてもらう。

正直言うと、あまり自分のことを書きたくない。前著『減速して自由に生きる——ダウンシフターズ』（ちくま文庫）にて限りなく書いたからだ。また、ありがたいことに、多くのマスメディアが未だに取り上げてくださっている。もう充分なほどに私の生き様を発信してこれた。それと、30代の後半頃からだろうか、自分の中の自我を死ぬまで少しずつフェイドアウトしてゆきたい、という気持ちが最近ますます育ってきたことも理由として大きい。

自分の考えや実践を多くの方々にお伝えして世の中のお役に立ちたい、それを死ぬまで細々とでも続けたいが、**同時並行して、少しずつ自分を消してゆく作業も進めていきたい**、と思うからだ。私の知恵や知識など大したことがない。大したことができる人間でもない。強がったり大きく見せるほど、恥ずかしさも湧く。ほどほどの発信力を維持しつつも、自分サイズで生きていければいい。それが私の本望である。

この出版に際して、編集者の佐々木典士《ふみお》さんにそう打ち明けた。だから、一人称で書きたくない、私のことには触れずに書きたい。できれば変名で書きたい。すると、飄々とした顔でサラッと返された。「高坂さんの実践や、高坂さんの周りの方々の具体例が入らないと、面白みも説得力も出ないですね。加えて、高坂さんの歴史を1章分ほど書いてください！」私の目論見は一瞬で消えた。しかも自分史まで書かねばならぬハメになった。名編集者たる佐々木さんのアドヴァイスに従うしかあるまい。なので、結局はこの後のページも一人称で筆を進めてゆくことになる。

■半農半「Organic Bar」

現在46歳（＊2016年時点）。東京都心のとある駅から離れた住宅街で、ひっそりとチッポケなOrganic Barを営んで13年になる（＊二〇〇四年十月から二〇一八年三月まで開業していた）。これが現金収入たる主なナリワイだ。Ｂａｒは週に4日だけ営業し、カネのためにはほどほどしか働かない。休みは千葉県匝瑳《そうさ》市にて無農薬・無化学肥料で米と大豆を育てて自給する「半農半Ｂａｒ」である（＊その後Ｂａｒをやめて匝瑳市に移住）。

こんな有り様だが、「食っていけない」という言葉とは無縁だ。収入が少なかろうと、Ｂａｒがどうなろうと、経済がどうあろうと、天変地異があろうと、自給しているので「食ってゆける」。ナリワイにも自給にも定年がない。安心で新鮮で美味しいものを食べて、自由な時間を適度に保ち、心身健康で過ごし、体の動く限り何歳までも程よく働き、いずれ動けなくなり食欲もなくなったらピンピンコロリであの世に逝って、申し分なし。あの世がどんな世界か、楽しみでもある。

仮に孤独死でも、老衰なら痛みなく自然体であの世に逝ける。鼻や胃からチューブでつながれて痛くて苦しい思いをしながら生きながらえるつもりはない。そんな今と将来展望にあって、**16年前にサラリーマンを辞めた時点から比べて収入は半分だが、当時より遥かに不安がない。**根拠を持って、気楽に、大らかに、等身大でいられる。

ナリワイのＢａｒは、成長しない、大きくならない、が一貫した経営ポリシー。つまりは「**必要以上に儲けない**」「売上が一定額を超えたら下げる」。少々のお客さんが来てくれれば成り立つナリワイ設計。ゆえに、ずっと黒字で、潰れようがない。世間一般の成長を目指すビジネスデザインとは一線を画すRe Designだ。過分な欲をかかないから、足るを知って満足する。そしてナリワイはサステイナブル（持続可能であること）になる。

例えば、売上やお客さんが想定より増えた時には、人気の焼き鳥メニューも減らして肉料理をなくした。お陰で仕込みも洗い物もラクになった。Ｂａｒなのにジンやウォッカやラムやウイスキーもなくした。在庫負担が減った。喫煙可能だったが、いつの間にか禁煙にした。匂いがなくなり、親子連れや過敏症の人もこられるようになった。売上が大幅に減った時しか宣伝しない。宣伝するにしてもブログなどで控えめに伝える程度だ。「食べログ」や「ぐるなび」からの掲載依頼も断る。

気が進まないこと、無駄な手間の掛かること、魂を売ることは辞めて、やりたいことだけに集中する。食べてもらいたいもの、飲んでもらいたいもの、伝えたいことに絞るのだ。それなのに、いや、そのお陰か、口コミでお客さんが増えた。当初は週休1日だったが、売上が一定以上増えるたびに、営業日を減らした。**今では週休３日。**開業当時より月の売上は下がってきたが、利益体質は上がってきているので、私の収入は13年間、あまり変わらない。さすがにこれ以上休むと赤字だ。

■小ささ、少なさが魅力のＢａｒ

開業時から1人経営で、うだつが上がらぬゆえか、経営ポリシーゆえか、いまだ1人経営だ。カウンター6席とテーブル2つで8席、計14人の席数で、満席でもなんとか回せる（よく頼まれた注文を忘れて叱られるが！）。

店が小さいからこそ、すべての来店者の様子が垣間見られて、ケースバイケースで彼らに出会いと交流のキッカケを促せる。メニューの枚数をわざと少なくしている。それはお客さん同士がそれを渡し合う必要に迫られるようにするためで、その受け渡しが発端になって会話が始まる。満席時は、テーブルのお客さんに出す料理やお酒を、カウンターのお客さんに渡してリレーしてもらう。テーブルから下げるお皿やコップもリレーで私に戻ってくる。こんな私の手抜き行為すらも、お客さん同士が会話を始めるキッカケ作りに応用してしまう。

基本的に、掃除から料理からサーブから洗い物から会計まで全て1人ぼっちでやる。**誰かの手を必要としないので人件費がかからない**。売上が悪い時、人件費の出費が一番の痛手になる。だから1人でできる範囲の小さな店にした。そして1人でできるオペレーションデザインを築いてきた。内装も外装も自分で手がけ、業者さんには一切頼まなかった。だから壊れても自分で修復できる。確定申告も自分でやる。ゆえに利益効率がいい。世界のトヨタよりいい。すべて自分でやってすべて責任を負う。政治でも行政でも経済界でも大きくなり過ぎて責任所在が曖昧な現代社会にあって、**ミニマムに自分の選択と責任でなんでもできるのは気分がいい。**

■1人Barはシンプルなビジネス

1人ナリワイは、上司もいない、部下もいない、よって報・連・相もいらない。上下関係で疲れることがない。戦略会議も対策会議もいらない、企画書も始末書も販売計画もいらない。前年対比もいらない。売上目標もいらない。売上から経費を引いて残ったお金が私の収入で、その範囲内で暮らしてゆけばいい。至って原始的でシンプルなビジネスだ。

営業時間は18時から24時まで。閉店後は片付けして帰宅し、寝るのは25時過ぎくらいか。体を動かす仕事で適度な疲労を伴うので、布団に入ったら3分で眠りにつける。朝7時くらいには起きて、午後にまた気ままに昼寝。仕込みは17時からで間に合う。メニューを減らしてきたお陰だろう。

お客さんの数は平均して7〜8人で、1人当たりの客単価は3500〜4000円くらいだろうか。昨今、たいていの人は収入が厳しいゆえ、Barなのにジュースと料理一品の注文だけ、という方も多くなった。開店からの13年で、年を追うごとに、単価は下がり続けている。しかし、それ自体、構わない。家メシの時代になってゆく。飲み歩く時代は終わっている。お金があまりない人でも、オーガニックの料理とドリンクを程よく嗜んで、何かを得て、気分良く帰ってもらえればいい。**ということで月の売上は45〜55万円くらい。経費を差し引くと、私の収入は17〜22万ほどだ。**

■自給がテーマの、NPO SOSA PROJECT

私は、NPOを運営している。その名はNPO SOSA PROJECT。千葉県匝瑳市で活動しているから「SOSA」。成田空港と銚子市の間くらいだろうか。Barがある東京中心部から車で2時間程度。何をするNPOかといえば、都会暮らしの方々にお米と大豆の自給をお教えするのが主なこと。

お米作りは難しいと思われがちだが、意外と簡単だ。しかも楽しくてたまらない。**年間で20日の労働日数で自給程度の量なら作れる。**大きく欲をかくと大変だ。プロの農家さんだって大変なのだから。自分が食べる量だけ、家族が食べる量だけ、と決めるから適度な小さな田んぼと適度な労働で、感動と感謝と楽しさを伴いながら自給が可能になるわけだ。

大豆は田んぼの畦《あぜ》に植えておけばいいだけ。秋に枝豆として食べ、残りは冬に収穫して、味噌や醬油や納豆も自作できる量になる。NPOの「マイ田んぼ」プログラムには毎年30組程度の方々がご参加くださる。翌年以降に自立して自給を目指して田んぼを借りてくれている方が現在45組。合計75組の方々が家族親族や友人知人を引き連れて首都圏と匝瑳を往復する。現代人が忘れかけている何かを取り戻すべく、泥と緑と生き物と戯れ、自給を通じて本当の生きる力を蓄えてゆく。

■都心にはない匝瑳市の魅力

ＮＰＯとしての業務に付随して、都会住まいの方の匝瑳市周辺への移住斡旋もしている。匝瑳地元の方々のご協力のもと、空家を移住希望者につなぐ。ＮＰＯ設立から5年で延べ25組くらいが匝瑳に暮らすようになり、更に他の地域へ移住してゆくケースも多い。現在、12組が匝瑳に定住している。

ＮＰＯから私への報酬は月3万円。労働の割には安いが、楽しいからいい。皆が生きる選択肢を手に入れて、その喜ぶ姿や満面の笑顔を垣間見るだけで心の報酬になる。

匝瑳は4万人弱の人口がいて、幹線道路沿いには都心にあるようなものも大抵揃っている。旧道やちょこっと外れた場所には辛うじて小さい商店も存在する。高い建物が少ない。だから空が広い。どこにいても日の出と夕日が見えるので自ずと空に目が向く。雲は限りなく自由に形と色を変えて舞い泳ぐ。夜は満天の星だ。星や月がこちらに微笑む。自然のリズムに合わせる暮らし。名だたる名所も高い山も広い湖も深い渓谷もないが、それでも丘のような山に緑が溢れ、水平線が広がる波荒き海もあり、里山には湧き水が溢れる。**必要なものはすべてである。**

私にとってもはや都心に魅力はない。交通の便がいいことだけだろう。都心にいても買いたいものがない。Barの仕入れ以外、ほとんど買い物をしない。匝瑳でお米も大豆も自給し、味噌や醤油も作り、妻が野菜を育て、親しくしている農的な暮らしをする方々から新鮮な野菜をもらえることも多々ある。海に接するから魚も安くて新鮮で美味しい。外食するにも、都心の飲食店より匝瑳のそれは、仮に同じ値段でも量が倍に近くて腹が満足する。**生きる楽しみの根底は、美味しいものを食べること。**田舎では、生きかた次第でそれが容易に手に入る。消費者に陥る必要はない。

人は街にいれば食べ物などの必需品に限らず、嗜好品から無駄なモノまで無自覚に消費させられる。生きるためには「買う」という選択肢しかない。これではカネを稼いでも財布の底が抜けているようなものだし、カネがなければ惨めだ。欲をかき立てられるし、人から比較されるし、ストレス解消も必要。

まんまと「生きること＝消費者」に貶められる。**人は「The消費者」として生きてゆくほかないのか？　そのために必死で働かねばならないのか？**　空は狭く、建物の隙間からしか太陽や月は見えないし、星も少ない。満天の星空は入場料を払うプラネタリウムにしかない。

Re:My distress
会社員時代の苦悩と見つけた希望

■直感で感じていた「違和感」

さてこんなRe Life, Re Workに行き着くにはワケがあった。過去に遡って記そう。学生時代からどう生きてゆくか悩んでいた。**無知なくせに、直感でこの世の限界を感じていた。どうもオカシイ。**大量生産大量消費と拝金主義。高校の頃、ブランド品を買うのに百貨店に詰めかける消費者を遠目で見ていた。正直、気持ち悪かった。過多な物質文明。いずれ破局が来る予感があった。そうは言っても、自分の生き方に反映させるモチーフが思い浮かぶはずもなく、世間の常識が望むまま、いい企業に就職するための道を歩むしかなかった。

バイトと飲み会に明け暮れた大学時代。勉強は一切しない文系のアホ学生だった。卒業時の1993年、バブルが弾けた。大学4年間で何も習得していないゆえ、営業職しかできないだろうという考えと、座り仕事ではすぐ寝てしまう自分のキャラクターを鑑みて、立ち仕事である小売り業界を目指し、1994年、大手小売企業に就職した。皮肉なことだが、ブランド品や大量生産品を売る現場だ。

■成長至上主義の企業

入社して数年、抜群の個人成績を積み重ねて、人より早く昇進のステップを上がった。しかし、バブルが弾けていたゆえか、業界としても、会社としても、売場としても、右肩上がり前年比アップ目標に到底及ばず、右肩下がりが続くようになる。私も職責が上がり、売場全体や部下も見なければならない中、次第に成果を上げられず苦悩するようになった。

現場から人が減らされ、会議が増え、書類が増え、雑務が増え、売上が上がるはずもない。矛盾を抱え、一生懸命に見せるパフォーマンス的なアリバイ仕事が増えていった。当時、「うつ」という言葉を知らなかったが、ノイローゼではと自らを懸念した。電車が来ると「飛び込んだらラクになれるかもしれない」と何度思ったことか。**たかだか自分の担当範囲の売上数字のために、いのちを捨てることまで考えが及ぶ。**周りの同僚や上司を見ても、希望を持てなかった。皆も同じように輝く目を失い、ぼやき、嘆き、疲れていた。もうこれ以上いたら、自分がおかしくなる。

2年くらい悩んだろうか、辞める理由を探した。昔からBarが好きだった。憧れていた。バブル的な粋でオシャレなBarではない。店主がラフなジーンズとTシャツで好き勝手やっていて、いつもお客さんが少なくて、なぜ店が潰れないのか不思議な、適当な感じのBarが好きだった。それで「Barがやりたい」という理由づけにした。嘘ではない。本当に憧れていた。しかし、夢があるから辞める、と繕ったが、仕事に悩み果てての「逃げ」だった。退職した。2000年、30歳の時であった。

■自分のできることを増やす

会社を辞めて1年間、旅をした。給料をもらうことでしか生きられないまま、30歳になっていた。旅で、土を触ること、魚を触ること、森で1人でテントを張ること、そんな生きる上での初歩的なことをクリアしてゆくことを目的とした。恥ずかしいことにその歳まで、土も魚も木々にも、虫や菌がいると思うと気持ち悪くて触れなかったのだ。

お米も研げない、炒め物に油を引くことも知らなかった。「できない」「知らない」「情けない」。それらをちょっとずつクリアするために、それまでの人生で溜め込んできたモノたちをどんどん手放した。「便利」「快適」「速度」を備えたモノに囲まれているから、人は何もしなくなった、というより、できなくなった。加えて言えば、**モ**

ノのために過分に働くハメになるし、所有が多いほど身軽さを失う。手ぶらに近づくほど、「できない」「知らない」「情けない」が「できる」「知ってる」「なんとかなる」に変化していった。

■自分の苦悩と世界がつながった

海外にも出かけた。紛争地にもちょっとだけ足を踏み入れた。途上国にも行った。それで興味が広がっていった格差問題、紛争や戦争、環境危機。学生時代に疑問だった大量生産、大量消費、拝金主義。サラリーマンで苦悩した右肩上がりの目標。限界にぶち当たり壊れていった自分。それらがすべて連結していることに気づいた。

原因は「経済成長至上主義」。私がサラリーマンとして辛くなっていった理由が、自分の弱さだけにあったのではなく、経済成長至上主義のカラクリに大きく起因していたのだと気づいてしまった。経済成長神話にそそのかされて人類規模の問題に加担している自分がこのまま**「The 消費者」で居続ける限り、死ぬまで被害者であり、死ぬまで加害者でもある。**このカラクリから少しずつ抜け出さない限り、自由も自立も幸せも安心もない。

決めた。もうこの先は「より大きく」「より多く」「より早く」を目指すのはやめよう。**「より小さく」「より少なく」「よりゆっくり」を目指すことにしよう。**それが自分自身の答えであると同時に、地球に生きる人間社会への答えだ。1年の旅の収穫が、私のRe Life, Re Workの原動力になった。「逃げ」だったBａｒを開くことが、やっと「夢」になった。

Bａｒでは、そうしたことを伝えてゆきたい。知る、知らせるだけでは、物知り自慢や評論家気分で終わってしまう。Re Life, Re Workを実践して後ろ姿で示そう。ミッションが決まった。

料理の基本をフリーターとしてお金をもらいながら学んだ。あえて友達のいない地方に行った。目的に準じて幾つかの飲食店を数ヶ月ごとにハシゴした。そうしているうちに、食や農の負の世界のことがわかってきた。農薬や化学肥料、遺伝子組み換え、添加物、種などの危険や危機。それに抗するものとしてマクロビオティックや自然食や発酵やスローフードや地産地消など。自ずと目指すはOrganic Barとなった。

■言いたいことを言える自由

2003年、イラク戦争が始まる寸前だった。石油目的のアメリカ主導の戦争。イラクに埋蔵される石油を横取りするために、アメリカやイギリスがでっち上げ嘘を塗り固めて、戦争開始を正当化しているのは目に見えて明らかだった。経済成長のためなら戦争も辞さない、人を殺すことも辞さない。祖父母と母の壮絶な戦争体験を聞いて育った私は、イラクの人々が理不尽に攻撃されることを止めたかった。日本が自衛隊の派遣で戦争に加担することを、許せなかった。戦争や紛争で傷つき殺されるのは普通の人たちだ。初めて、デモに参加した。それを機に様々な社会活動にも参画し始めた。

それまでは世の中の大きな問題に対していつも知ったような顔をして「でも仕方ないよね」「残念だけどそういうものだよね」って誤魔化して生きてきた。だけどもう誤魔化すのはやめようと思った。企業に所属しているわけでもないし、世間や人の目を気にする必要もない。**違うものには違う、と言おうと決めた。それが自由だ。**

■自分の食べ物を作る意味

戦争を止めるための様々な社会活動に参画した。結果、想いのある、様々な分野の、素敵な人々とたくさん出会った。視野が広がった。選択肢が広がった。地域や年齢や職種を超えて、フラットでゆるい情報交換関係のレイヤーがいくつも自分の手引書のように存在するようになった。

その頃だったろうか。**世界の途方もない様々な問題群に対して、ささやかでもできる、かつ、本質的な行動は、自分の食べ物の自給だ、と思うようになったのは。**食料自給率がカロリーベースで40％を切っている日本。残りの60％を海外に依存している。というか、カネに任せて食べ物を買い叩いて奪っていると言っても過言ではない。時に途上国の農地や水や労働力を奪ってきた。結果、途上国は食料安全保障を失った。彼らは食べるものを得られる森や川や海や農地を先進国向けに奪われ、地産地消や地域経済も破綻させられた。自給する土地もナリワイも奪われ、企業に安く買い叩かれて雇われるしかない。

先進国に食べ物が輸出される横で、ひもじく食べ物を買わねば生きてゆけない暮らし。彼らも「Ｔｈｅ消費者」にさせられてしまった。中にはスラムで暮らさねばならない人もいるだろうし、テロリストになってしまう人もいるだろう。巡り巡って今、日本人は政治の愚行の連続でテロのターゲットになった。ほんの十数年前まで日本は平和主義のお陰で世界からリスペクトされていて、テロに狙われることはなかった。こうした悪循環のスパイラルから抜け出る方法は、自給をすることで僅かでも輸入依存度を減らし、加害者から抜け出ることだ、と考えるようになったのだった。

■格差に依存する経済成長

食べ物だけではない。先進国は、途上国の安い労働力でモノを作り、それを世界市場で売り、その富で豊かになった。それは途上国からの富の収奪と言って過言ではない。残る市場はアフリカの一部だけで、反省も叡智もなく甘い汁を吸いに日本もアフリカに投資を増やしつつある。世界市場の限界は近づいていて、だから、途上国も先進国もそれぞれの国内において、格差を作ることでしか経済成長を装うことができなくなっている。こうしたカラクリに行き着いた今、未来に劇的に豊かになることや、経済成長が起こる可能性はない。むしろ経済成長を目指すから問題が拡大する。**経済成長がないことを前提にしたRe Designをするほうが賢くて豊かだ。**

古い価値観から新しい変革の先への移行期にあって、様々な「Re」へ歩み出し、新しい豊かさを得る道が生まれる時代。食べものの自給は、豊かさへの有力な選択肢の道なのである。自給は、途上国のためだけではない。むしろ日本を豊かにする。自給は途上国への加害をマイナスにする行為であるし、日本国内では豊かさをプラスする行為になる。その波及効果は絶大で、拡がりを見せる。

例えば、自給は「The消費者」と化したこの国に住む人たちが尊厳を持って生きる入り口になる。企業に隷属しなくても生き延びることができるからだ。ナリワイや半農半Xという選択肢は、都市から人を減らし、疲弊した地方を回復させる。自給は、荒れゆく農地を保ち、里山里海を蘇らせる。田んぼのダム機能が水を確保循環させる。たくさんの生き物が蘇る。地域固有の在来の種を蒔き、日本の食料自給率を上げる。それは国の最大の安全保障になる。

■目標を実現に近づけるバックキャスティング

30歳で脱サラした時、ざっくりした目標立てをした。その時に使ったのが**バックキャスティングという目標設定の方法**。もともとは環境問題を解決するために用いられた方法だ。将来のある時点のゴール目標を決め、その姿から現在を振り返って、いつまでに何をすればいいかの小さな目標を段階的に設定するやり方である。

35歳でＢａｒを開くことをゴール目標とした。それまでにやらなければならないことを月日を区切って小さな目標ステップとして設定し、ひとつずつクリアしてゆく。1年は旅をして見聞、教養、できることを増やす、と決めていた。その後の3年で料理を習得する、と決めていた。そして35歳で店を開くのだと。

旅と料理と社会運動を通じて、開業後のバックキャスティングも決まった。40歳になったら本を書こう。開業から3年でＢａｒ経営を通じた「成長しないビジネス論」を確立し、その後の2年でそれを検証確認しよう。38歳までにお米の自給を始めよう。それらを受けて40歳で本に記して、生き方や働き方に苦しんでいる人たちにナリワイや自給への選択肢があることを届けよう。経済成長など求めずとも豊かな社会がReDesignできることを示そう。その安心と幸せにつながる生き方が、混迷する時代からの移行期を経て、変革の先の在り方を示すことになると、希望を記そう。

脱サラ後、焦らず、のんびり、自由に、1歩ずつ進んだ。なのにバックキャスティング目標設定通りに、おおよそ実現した。34歳で開業し、39歳でお米の自給を始め、40歳で『減速して自由に生きる――ダウンシフターズ』を書いた。

その後、Ｂａｒと NPO SOSA PROJECT を続けつつも、「ナマケモノ倶楽部」という環境ＮＧＯの世話人をお引き受けしたり、「緑の党グリーンズジャパン」という新政党の共同代表をお引き受けした。一時は殺人的に忙しくなったが、役割を終えるとそれぞれの肩書きから降りた。その後に、経済成長は必要ないという視点からの研究会「脱成長ミーティング」を立ち上げて発起人となるが、肩書きほどのものではない。NPO SOSA PROJECT の代表も降りて、運営に専念している。今はシンプルで呑気な「半農半Ｂａｒ」に戻った。これくらいがちょうどいい。

２０１８年の春前にＢａｒは閉じて、匝瑳に完全移住する予定だ。楽しいナリワイだけに辞めるのは寂しい。**しかし私には都会に必要なものがもうない。**いろんな方々を移住へと背中を押した。私もそろそろ続こう。田んぼがあり、ＮＰＯがある。加えて、新しい小さなナリワイをいくつか作って生き抜いてゆこうと思う。

というわけで、これが私の

Re Life, Re Work, Re Design した、Re My Story である。

第2章

Re:
Growth

いつまで成長
しなくちゃいけないの？

Re:Growth いつまで成長しなくちゃいけないの？

■成長という強迫観念

巷では、成長、成長、とうるさい。

経済成長率やら、GDPやら、売上目標やら、毎日毎日いたるところで拡大を目指す数字が、働く人を追い立てる。数字を上げるために、勝ち残るんだ、強みを持つんだ、資格を取らねば、弱点を克服せよ、と迫ってくる。そして当然、働く人は何かをもっと売るために、ありとあらゆる手段を使って消費者を煽《あお》り立てる。

一方、**働く時間が終わってプライベートになると、そのツケが自分に回ってくる。**アレ買え、コレ買え！ と雑誌も広告もラジオもテレビもネットも、プライベートな人たちを追い立てる。劣等感を煽られて、誰かと比較されて、君はまだ足りないって！　人にお金を使わせて、「Ｔｈｅ消費者」にしようとする。

それで、モノを、サービスを、買う。結果、より買うために、より働かねばならなくなる。いくら買っても、いくら働いても、永遠の満足など得られない。自分の時間と心を擦り減らす方が遥かに多い。それは同時に、己のいのちを擦り減らしていると言ってもいい。

何のための成長か。モノを増やすため？　何かを永遠に買い続けるため？　そのために君は生まれてきたのか。それでも成長したい？　活躍して立身出世したい？　将来の安定や安心のため？　勝ち残るため？　親や大人や世間がそう言うから？　向上心は大切だが、比べている限り、克服しようとする限り……君は辛い。

■オカシクない？

経済成長目指すって、なにやらオカシイと私だけではなく誰だって気づいている。10代、20代、30代、それ以上の年代だって！　それが本当に人や世の中に良いことなのか。そういうことを口にすると、

「人類の進歩を否定するのか？」「豊かで便利になって何が悪いのか？」「日本が途上国より恵まれているのは誰のお陰だと思っているんだ？」「共産主義がいいのか？」「江戸時代や石器時代に戻れというのか？」と言われてしまうだろう。挙げ句の果て

に「逃げているだけだ！」「成長志向がないのか！」なんて罵《ののし》られる始末だ。「いい学校に行って、いい会社に入る」。それが幸せにつながるし、世の中のためになると、いまだに信じるしか選択肢がない。しかし現実には、大学生の半分が貸与型奨学金で大学に通い、卒業してから返済に追われる。卒業しても正社員として就職できない人が多い。非正規社員やアルバイトでは働いても給料が上がらず、奨学金の返済に精一杯で暮らしは上向かない。正社員として就職しても、一生安泰ではない。給料が上がってゆく保証もない。どこの企業でも部署ごとに鬱などで数人の休職者がいるのが常だ。リストラや吸収合併や倒産だってある。

■できないことを目指す苦痛

会社から与えられる目標は、常に前年対比アップ。でももう、年を追うごとに人口が減ってゆく時代に入った。市場は飽和しているとも言われる。世界中探しても新たな市場は限られてきた。もう革新的な何かが生まれて爆発的に売れるなんてことはそうそうないだろう。格差が広がり、中間所得層はどんどん減っている。低所得層はモノを買い込むことなんてできない。

モノを最小限しか持たない「ミニマリスト」的な暮らしが注目を浴びている。分かち合い思考で、非・画一性を好み、社会貢献が好きな「ミレニアルズ」という若い世代が台頭している。本来は購買意欲が一番高いと言われる20代や30代が「ゆとり世代」「さとり世代」で、持ち家や自動車なども含めて、購買意欲が少ない。こうした傾向は環境の時代において喜ばしいことだ。そういう時代に、なぜ前年対比アップができるのか？　できないことを目指すのか？　しなくていいことを目指すのか？

「環境破壊を止めなければ！」「CO_2削減せよ！」と言いながら、「経済成長目指せ！」と言う。環境破壊もCO_2も、大量生産・大量消費が招いているのだから、それをやめねばならない。適量生産・適量消費にして、もったいない精神の生き方をするしかない。一方で、経済成長を目指せば、もっと大量生産・大量消費をしろ！ということになる。完全に矛盾している。しかも経済成長のために、危険とわかっている原発や、人を殺すことに関わる武器まで、海外に輸出して成長を追求する。**誰かのいのちを脅かしてまで経済成長を求める。**

すべてのことがオカシイし論理破綻している。しかし、この社会においてお金がなければ生きてゆけないらしい。給料をもらう身である以上、論理破綻していても、あらがえない。やっぱりみんなが「もっと」というから君ももっとを目指さねば生き残れない。それって絶対、オカシイ！

人が生きるとは、そういうものなのか？　定めなのか？　このループから抜けられないのか？　昔、私もそう思っていた。諦めて生きていた。しかし、今は違う。ループから少しずつ抜けるのは、そう難しくない。

■成長をやめてみる！

私はなんでもかんでも成長を目指すことを、とうの昔にやめた。自分のスキルの成長もそうだ。例えば、私は英語がしゃべれるようになりたかった。パソコンをもっと使いこなせるようになりたかった。趣味の音楽を追求するためにもっとCDを買ってどんなジャンルもミュージシャンも語れるようになりたかった。日本中を、世界中を隈なく見たかった。もっとお金を儲けるための知識と行動が欲しかった。しかし、途中でやめた。

英語習得のために海外旅行もしたし、様々な高い教材を試したが、ダメだった。ある時、思った。私が英語をしゃべれないから、英語をしゃべれる人に仕事を届けているんだ。英語をしゃべれる人に仕事を作ってあげているのは私なんだ、それでいいじゃないか。

いまだに私はエクセルができない。でもある時、思った。ＩＴに詳しい友人にやってもらえばいい。お礼はお金を払ってもいいし、物々交換でもスキル交換でもいい。

私が、ＩＴの得意な人に役割を届けてあげているんだ、それでいいじゃないか。

どんな音楽も物知りぶって語りたかった、古いものも、新しい流行のものも。ある時、思った。溜まってゆくのはＣＤだけで、それも一度しか聴かないものも多い。誰より音楽について知っているよりも、好きな音楽だけ語れればいいじゃないか。たくさん音楽を知っているよりも、少しでいいから、自分で弾いて歌える方がいいじゃないか。

世界の素晴らしいといわれるあらゆるものを見てみたかった、だから旅を重ねた。海も山も川も湖も温泉も巡った。古都も歴史物も世界遺産もたくさん巡った。ある時、思った。**いくら見ても限りがない。それより自分の暮らす場所、働く場所をワクワクするものにした方がいいじゃないか。**

■「もっと」からの解放

英語習得も、ＩＴを使いこなすのも、音楽を知り尽くすのも、旅するにも、もっとお金が必要だった。地位や名誉やプライドを保つにも、もっとお金が必要だった。もっとモノを得るために、もっと知るために、もっと学ぶために、もっと幸せになるために、もっと安心するために、もっともっとお金が必要だった。だから、もっとお金を儲けるための知識と行動が欲しかった。しかし、それができない自分が嫌で、劣等感が増していった。

ある時、思った。**「もっと」を追いかけている限り、「もう充分」にたどり着けない。そもそも誰かと比べたり、誰かの評価を気にしているから、足りない自分とできない自分に劣等感を感じるんだ。**

成長などどうでもいい、と思ってから、辛さはなくなったし、満足感に満たされるようになった。

Re:Taking the top
違う道がある

■降りる道は、急ぐ必要がない

登山道は山頂を目指す。

どこの登山道から登り始めてもすべては山頂に通ずる。山頂を目指している時、視線は頂上のみで上ばかり。息を切らし、下を振り返る余裕はない。山頂は狭い。多くの人がそこには居続けられない。**だから競争になる。蹴落としになる。**山頂には、水もなく、種を蒔《ま》くスペースもない。裾野から水も食べ物も運んでもらわねばならない。調達するためのお金が必要になる。だから常に不安になる。もっとお金が必要になる。**独り占めになる。せこくなる。**山頂にいても心休まらない。

下山道も同じ数だけある。降りる道は、急ぐ必要がない。３６０度の視野であり、壮大な景色である。視野が広くなる。裾野は限りなく広い。３６０度どこへ降りてもいい。何合目で止まってもよい。たまに上を見たっていい。上に少し戻ってもいい。心地いい場所を探してそこに留まったり、嫌なら場所を変えることだって何度でもできる。裾野は限りなく広いのだから、山頂のようにあぶれ出すことはない。充分な土地に種を蒔けば限りなく食べ物が育つ。雨水は山を下り川となる。井戸を掘ってもいい。自然からの恵みは自分のいのちを満たす以上に与えられる。だから分かち合える。安心できる。寛容になれる。お金に翻弄される必要はない。

今までは選択肢がなかった。山頂を目指さねばならない、を常とされてきたから。**大切なことは選ぶこと。比べることではない。速さや高さや多さを比べていたら、勝てるのは1人だけ。**選べばいいんだ。違う道がある。降りる道がある。

■原住民に学ぶヒント

かつての大航海時代。ヨーロッパ人たちは、世界中を植民地化してゆく。最初は、先住民を街で働かせようとした。労働の対価として貨幣も支払った。しかし皆、村に戻ってしまう。村には森があり、大地があり、川があり、食べ物がある。踊り、歌い、交わり、お腹が空いたら食べ物を採りに行けばいい。労働という概念がなかっただろう。お金をもらったって、したくもないことをして何時間も拘束される労働など無意味だ。お金で買わなくても食べ物が豊富にあるのだから。時間を奪われる方がナンセンスと思ったに違いない。ヨーロッパ人は考えた。森を焼き、大地を奪った。先住民はそれでも労働を選ばず、黙して死ぬことを選んだという。

現代において先住民のようにキャッシュレスで暮らし、時に滅びてゆくことを選択することはできない。しかし大きなヒントがある。**森や川や海や大地があれば、不足するお金を補って、生きてゆけるのだ。**お金を介さず、食べ物は自然界から調達したり、自ら育てればいいし、水は雨や沢や大地から頂戴すればいいのだ。

例えば水道に続くパイプを日本中世界中の土の中に埋めて遠くに水を運ぶことって、よくよく考えたら、何て非効率なんだろう。資源を使い、パイプを途方もなく長距離にわたり埋めて、遠くに運ぶだけ水が汚れるから薬を入れ、パイプの耐久性や衛生性が落ちれば掘り返してまた新しいものを埋め直す。災害で止まったら、誰もが水を手に入れられなくなり、少ない水を得るための競争と奪い合いになる。でも実は、湧き水があればいい、沢水があればいい、雨水があればいい、井戸があればいい。そしてどこからも支払い請求書が届くことはない。

■広がる「半農半X」ムーヴメント

すべてをキャッシュレスで調達するのは非現実的だ。でも生活の一部を少しずつ変えてゆくことは簡単にできる。実はそうした動きが世界中で「点」として起こっているが、「面」として見えないために、選択肢として「見える化」してないだけなのだ。

例えば、「半農半X」をご存じだろうか？　**自分や家族の食べ物を一部でも自給する＝「半農」。そして、天職たる仕事をする＝「半X」**。すでに多くの人たちが、都会ではベランダのプランターや貸し農園で「半農」を実践しているし、地方での農的暮らしへの移住は、すでに止まることを知らないムーヴメントになっている。日本だけでなく、韓国、中国、台湾にも知れ渡ってきた。「半農半X」という言葉を介さなくても、アメリカやヨーロッパをはじめ、世界中で農を実践する人が増えている。ロシアでは「ダーチャ」、ドイツでは「クラインガルテン」が古くから有名だ。ロシアのダーチャは、1960年代に一家族に最低600㎡の農地を与えるよう法制化したもので、都市部からの近距離に小さな家屋付きの菜園を持ち、週末を利用して食べ物を自給する。

ドイツのクラインガルテンは、300㎡の農地に小さな小屋もあり、30年期間で貸借し、50万人以上が利用している。アメリカでも格差が酷い地域でこそ、農を中心としたコミュニティーが勃興してきている。そんな取り組みを追ったドキュメンタリー映画『Edible City』(edible：毒性なく、食べることのできる)で、黒人女性がこんなことを言う。

「朝起きて、よく働いて、食べ物を育てる。地域の人や家族と共に働き、経験を共有する。家に帰り、食事の支度をして、とても美味しい料理を作る。楽しみ、よく笑い、それが日常、それが人生、それが生きること。**人は多くのことを付け加えすぎて病んでいる。**体を大切にしないし、食べるべきものを食べていない」。

お金を出さなければ、食べ物も水も入手できない。だから世間では、安心を求めてより山頂を目指せという。しかし実は、山頂に近づくほどますますリスクを背負うことになる。誰がどうやって作ったかわからないものを、遠くから運んでもらってお金を払う。作る人が売ってくれないとしたら？　運んでくれないとしたら？　運ぶ途中で傷んでしまったら？　山から降りる選択があることに気づいた時、お金を出さなくても食べ物や水が安易に手に入ることを知る。

上を目指す労力を、食べ物を育てる労力に変えればいいだけだ。自分で直接得たものは安心で新鮮で美味しい。下り道の山腹から広がる裾野を見渡して、降りる場所を選択すればいいだろう。魚がたくさん食べたいなら海や川のそばに降りればいい。野菜をたくさん食べたいなら肥沃な土地に降りればいい。木の実や山菜やキノコやジビエが食べたいなら森の近くに降りればいい。限りない大地は寛容に君を待っていてくれる。

私は30歳前夜、自殺も脳裏をよぎるほど苦しかった。今、私は46歳（＊2016年時）。**あれから15年、自殺など一度も考えたことがない。どんなことがあっても「なんとかなるだろう」と気ままだ。**それは、食べ物を自給できるからだ。文化的な暮らしも、太陽光パネル1枚あるだけでLED電球と携帯とパソコンの電気がなんとかなるからだ。湧き水や井戸水がある場所をたくさん知っているからだ。

お金は少なくても大丈夫。未来の不安はあまりない。

■消費されない生き方へ

あまり買わない生き方。あまり持たない生き方。ゆえにあまり働かなくていい。楽しい有意義な仕事だけに絞れる。すると時間が生まれる。時間があればたいていのものは自分で創れて楽しい。語り合ってもいい。愛し合ってもいい。昼寝してもいい。ぼーっとしてもいい。学んでもいい。稼ぎたいならもっと働いてもいい。

しかしなかなか稼ぐのが難しい時代だ。稼ぐために心身をすり減らしてしまう人が多い。**だから「稼がない自由」こそ選択肢として必要なんだ。**

■時間こそが財産

私は随分と買わなくなった。30歳前夜の悩ましかった頃、なんでも持っていた。車もバイクも自転車もテレビもステレオもパソコンも楽器も、たくさん持っていた。**しかし、それらを使いこなす時間と心の余裕がなかった。**

車もバイクも動いていない時間の方が遥かに多く、不動車だった。テレビをつければ、ブラウン管の中の誰かと比較させられ、あれもこれもと消費を煽られ、流れる映像を無駄に見続ける時間に虚しさが溢れた。楽器はベースもギターもキーボードも太鼓類もあったけど、どれもできなかった。パソコンを持っていてもあの当時は利用価値がわからなかった。モノは溢れているのに休みの日には目的もなく買い物に行った。毎日が辛かった。少ない休みはあっという間に終わり、仕事が待っている。消費し、消費させられている人生だった。「The消費者」としてGDPには貢献したろうが。

今の私は、週休3日。時間がたっぷりある。昼寝し過ぎなくらいだ。**たいていのことは時間をかければできる。**ある時、家を留守にしていたら外国人窃盗団に給湯器が盗まれた。すると親しい年配者が中古のそれをくれた。取り付けてくれる業者も紹介してくれた。防犯のための囲いは自分で作った。トータルで3万円程度だった。ある友人が35年ローンで購入したマンションでも給湯器が壊れた。マンションの規格に合うものをつけたので業者に頼んで30万円かかった。友人は給湯器のために30万円を稼ぐ仕事と時間を要するが、私はその10分の1の3万円を稼ぐ仕事と時間だけでいい。

お金をかけるとそれを補塡するためにもっと働くハメになる。時間があればそのループから逃れられる。消費しない生き方は、消費されない生き方なんだ。

■成長を分別する

ここで「成長」について分類しよう。「経済成長」と「人の成長」。「経済成長」すれば、企業は利益が大きくなり、それに準じて人々の収入も増える、と考えられている。

いわゆる「トリクルダウン」。大企業が儲かれば、子会社や孫会社まで儲けが派生し、働く人々の給料も上がる。余剰なお金が増えれば、企業は設備投資し、人々は消費が増え、さらに経済成長できる。儲けが上から下に滴り落ちてゆく構図から、「トリクルダウン」というらしい。

「人の成長」とは、時代と場所を超えて、すべての人が追求するであろうこと、人が生まれてから死ぬまで求めてゆくものである。心の内側から湧いて来るものであり、心の在り方の向上であり、人として成熟してゆくことである。それは端的に言えば、**満足感を感じるための心の成長である**。当然のことだが、「経済成長」＝「人の成長」ではない。なのに気づくと「人の成長」が「経済成長」のために動員されている。

■「経済成長」至上主義

「経済成長」という言葉には実は「至上主義」という意味合いが隠されている。「経済成長至上主義」。それが様々な間違った価値に誘導してしまう。

「至上」とは「この上もないこと」という意味合い。経済成長のためなら、何でも許されてしまうことだ。法律的にも道徳的にも人権的にも環境的にも、それは間違っている、ということであっても、経済成長の可能性と天秤にかけ、常にソロバンを弾いて、儲かる方を選択する。

「人の成長」。肉体には成長の限界がある。生まれてから20代半ばくらいまでは大きくなるかもしれないが、それ以降の肉体はゆっくりと衰えてゆくものだ。だから「人の成長」という場合、それは「心の成長」を示すだろう。**心はいくら成長しても構わない。心には壁も床も天井もなく、広さも深さも高さも定員もない。だから死ぬまで永遠に成長できる。**心に満杯はないのだ。だから、人の成長こそ「至上」にしたらいい。

心の成長において、お金があるとかないとか、そんなことは二の次になる。経済の良し悪しなど三の次になる。お金は必要だ。経済も必要だ。でも混同してはいけない。

「経済成長」と「人の成長」は、重なり合う部分が少々あるものの、イコールではない。

人の心の成長は永遠に可能だが、永遠の経済成長など不可能なこと。不可能を目指すから格差という歪みが生まれる。「経済」と「成長」を切り分けよう。経済は必要だが、経済成長も経済成長至上主義もいらない。経済に必要なのは「循環」である。循環する経済は人の幸せに寄与する。

「経済成長」と「人の成長」は切り分ける。**経済成長に準じるような「人の成長」は罠かもしれない。「The消費者」への落とし穴かもしれない。**だから、経済成長に準じる成長は、もう、しなくても大丈夫なのだ。

■成長しないという選択肢

経済成長に準じるような成長はしなくてもいいですよ！　と言われたら君は戸惑う？　気がラクになる？　どうしたい？　今、君の中に新しい選択肢が生まれた。成長するという選択肢に加えて、**成長しないという選択肢**。成長するという選択肢はなんとなくの世の中からの強制強要だった。成長が悪いわけではない、成長しなければならないという強制強要だからオカシイのだ。

でも新たな「成長しない」という選択肢は、探すのが難しい。今までにあまり語られなかった価値観であり、政治論であり、経済論であり、経営論であり、働き方であり、暮らし方であり、生き方。成長する生き方が、幸せに帰結する可能性もあるだろう。しかし、これからの時代は、成長しない生き方のほうが幸せに帰結する可能性が遥かに高い。**さぁ、君はどちらを選択してもいい。**

もう経済成長に準じた成長はしなくても大丈夫。繰り返して書こう。いい大学を目指さねばならない、そうでなければ負け組になる、なんてことはない。いい企業に就職しなければならない、そうでなければ負け組になる、なんてことはない。もっとお金が欲しい、もっと贅沢したい、そんな気持ちは誰にでもある。それを目指すのも悪くない。しかし、それを得るための労働で健康や大切な時間をすり減らしてしまっては意味がない。せっかく贅沢を得たとしても、それを満喫できる時間と健康な心身がないのならマヌケである。疲弊しきった心身をつかの間の贅沢で癒しているなんてことがあるなら、マヌケ話に拍車がかかる。お金を得ることと、それに伴う犠牲を天秤にかけて着地点を定めた方が現実的で、夢が叶いやすい。成長したいも自由、成長しないも自由。

お金はサラリーマン時代の稼ぎより遥かに少ない。半分だ。なのに、安心と満足感の中を生きている。成長しない、と決めて以降、感謝の毎日である。

昨日より今日、今日より明日、経済は良くなり、暮らしも良くなる。そんな成長神話は25年前に終わっている。それなのに、いまだバブルの夢が再現できると思い込んでいる50代以上の政界や産業界のお偉いオジサンたちは、精神論と力技で経済成長を何としても実現しようとして、すべて失敗し、反省なく、言い訳ばかりで、負の財産を未来世代に押しつけ、末裔まで恥をさらすことになる。

さて、君も気づいたなら、確信を持って、新たなRe Designに歩み始める時だ。

第3章

Re:
Thinking

常識を手放し、
思考を捉え直そう

Re:Thinking 常識を手放し、思考を捉え直そう

■変革の先を生きよう

思考を捉え直そう。今、時代の移行期。20年？ 30年かかるかもしれない。古いシステムと価値観が制度疲労を起こし、矛盾に満ちて立ちゆかなくなっている。だから私たちの前には様々な混乱と悩ましい現実が立ちはだかる。**しかし、時代の先を生きてしまえば、矛盾と混乱と悩ましい現実は過去のものとなる。**変革の先を生きてしまえばいいのだ。

今までの思考では、より良く生きるために必要なのは、より良い学校に行くことだった。より良い会社に入ることだった。より多く稼ぐことであった。より多くモノを持つことであった。より大きい家に住むことだった。あわよくば別荘を持ち、波音が聞こえる海辺で、もしくは澄んだ空気の山の麓で、悠々自適に老後を過ごし、最期を

迎えることであった。それを叶えるにはどうしても、より多くの「カネ」「カネ」「カネ」！

しかし、「より良く」「より多く」という望みを持つ限り、欲望が尽きることはない。そして永遠にそれを摑むことはできない。常に誰かと比べて「もっと」を求め続けるのだから。それでも「より良く」「より多く」を望むことができる状況にいる人はいい。

実際のところ、中間所得層の人は、今にしがみつくので必死だ。現状の経済的環境をキープするのに必死だ。低所得層に落ちないために必死だ。低所得層の人は、生きることにギリギリだ。中間所得層に上がる希望は見えない。1年先の望みすら描けない。

上を目指そうにも今のキープで必死な中間所得層と、上を目指そうにも階段もハシゴもない低所得層。そんな状況が世間を覆い尽くしている。カネ、カネ、カネ、と稼ごうにも、日々の暮らしの消費で残るカネなどほとんどない、という人が大多数だ。

Re:Education 教育を改めて問い直す

■より良い学校？

より良い学校に進んでも、より良い会社に入れるとは限らなくなった。より良い会社に入っても一生勤め続けられる時代ではなくなった。より良い学校に通わせるには塾代も大きくかかる。子どもに期待をかけて、お金をかけても、不登校になるケースも多い。大学生の半分近くが貸与型奨学金を使っている。卒業したが就職できず、アルバイトや派遣社員では奨学金の元本と利息の返済だけで精一杯で夢を諦める、夢など持てない、というケースがどんどん増えている。

そんな時代になってしまったのに、なぜ、より良い学校を目指すのだろう。子どもたちは苦しんでいる。遊ぶ時間すらない。広場や公園で、野球やサッカーをして遊んでいる子どもを東京で見ることは少ない。広場がそもそもない。公園ではボール使用禁止の立て札。遊ぶ、という子どもの仕事が忘れられてしまった。

私の知り合いには、不登校になってそのまま大人になった人たちがたくさんいる。ちゃんと就職して働く人もいる。ミュージシャンになった人もいる。アプリの開発をしている人もいる。ライターや詩人になった人もいる。社会問題を解決するＮＧＯやＮＰＯを仕事にする人もいる。ナリワイ（Ｐ76参照）をしている人もいる。学校に行かなかったのに活躍している著名人を目にすることが多くなった。一方、東大や早稲田など、良い大学や大学院まで出たのに、就職できずに引きこもっている人もいる。良い会社に入ったが辛くなり、鬱になり、体調を壊し、辞めて苦しんでいる人もたくさんいる。そうした人たちが当店に山ほど訪ねてくる。

■ゆとり教育の本質

「ゆとり教育」を悪いもののように言う人が多い。「ゆとり教育」の本質は「生涯学習社会」であった。『成長の限界』をローマクラブ（スイスに本部を置く民間のシンクタンク）が発表したのが１９７２年。「人口増加や環境汚染などの現在の傾向が続けば、１００年以内に地球上の成長は限界に達する」と警鐘を鳴らした。それを受けて、「経済成長」「企業に就職」という一辺倒の価値観を変えてゆくために文科省の心ある人たちが長い時間をかけて教育変革を試みたのが、「ゆとり教育」だった。つまりは、多様性があり個性豊かに人々が働いて暮らせるための教育への舵を切ろうとしたのだ。

元文科省でそれを主導した寺脇研さんは、学校は最終的にはすべて図書館にしてしまえばいい、とまでお話ししてくれたことがある。**誰もがいつでも学びたい時に学べる、それが「ゆとり教育」の本質であり、生涯学習社会である。**それなのに未だに「良い学校」に行かせて、「良い会社」に行かせて、もう限界を迎えている「経済」の成長に資する働き方をさせようなんて、オカシクない?

大人たちはよく「ゆとり世代は使えない」という。それは違う。「ゆとり世代」は企業などの右肩上がり一辺倒の組織に合わなくて当然で、むしろ、**経済成長とは違う価値観で育ったのだから、多方面で活躍できる存在なのだ。**現に、日本中の地域で村や町を元気にしているのは、そういう新しい価値観を持った「ゆとり世代」だったりする。年収150~200万円程度の少なさでも、地域の問題を解決する仕事に奔走するが、自然体でガツガツするところがない。自分のことばかり考える大人と違い、人のお役に立つことや社会貢献に関心が高く、多面的な思考を持っている。

さて、そんな素敵な面も備えていた「ゆとり教育」。その成果を正しく検証することもなく、学力が低下した、という偏ったデータだけを指標にして否定され、「富国強兵・殖産興業」的なひと昔前の押し付け型教育に戻されつつあるのが目につく。どうもオカシイ方向に向かっているようだ。

■「教えない」という教育法

都立の中学高校で「アクティブラーニング」という革新的な英語の授業を進めてきて、『なぜ「教えない授業」が学力を伸ばすのか』の著書もある山本崇雄さん。数年前にSOSA PROJECTの「マイ田んぼ」に申し込んでくれて、ご家族と一緒にお米作りを実践されてからのお付き合いだ。

２０１１年に「3・11」を目の当たりにして、「人間には、ゼロからスタートしなければならない時がある。教師がいなくても学び続ける子を育てなければならない」と気づき、**「教えない」ことを決意したという。**先生はファシリテートするだけで教えることをせず、生徒同士が主体的に学びあってゆくスタイルを確立し、成果を上げ、文科省も注目推奨している。

授業中の子どもたちの協力しあう様子から、仲間外れやイジメなども早期発見できる。管理化でますます書類や会議が増えて忙しい教師生活にあって、教える準備を減らせることで、生徒と向き合える時間を取り戻せる。その山本さんから以下のメールをもらったことがある。

「社会全体が教育に関わらなければいけないという危機感があります。学校は僕の実践と真逆に進んでいます。安倍政権の道徳授業の教科化など、管理を深める方向性は危機感を感じます。現場で、主体性を育てる教育が行われれば、どんな施策が降りてきても、生徒は大丈夫でしょう。しかし、学校は危ういです。この10年、1つの学校で頑張ってきましたが、多くは変えられませんでした。できたのは、わずかなフォローとの細やかな実践です。しかし、学校全体を変えることはあまりできませんでした。それほど強い保守的な考えがどの学校にもあります。ですから、もう自ら学校を作るしかないかなと思い始めています」

不登校や貧困の連鎖で、学校教育から置いてけぼりになる子どもがますます増えてゆくだろう。とても残念なことである。しかし一方で考え方を変えれば、強い国家のために強い経済に貢献するようなナショナリズム的な、脇道を許さない教育を受けずに済むことになる。大企業を目指せ、という同一価値観の教育を受けずに済むことになる。

■時代の先の教育が生まれてくる

新しい時代に必要なのは、脱企業的な生き方であり、世の中のためになる仕事であり、人のお役に立つ直接的なナリワイである。小さい時から、多面的で自主的に、自分が将来どんな生き方をしたいのか、仕事をしたいのか、それにはどういう方法があるのか、そういったことの階段を進んでゆくことこそが重要になる。生き抜く知恵と力をつけさせるのに、学校教育が絶対ではない。むしろ、今の教育とは外れたところに、学ぶ場所があるかもしれない。

■「ホームスクーリング」という方法

脱サラして菊谷文庫という小さな出版社を立ち上げた菊谷倫彦さんは、川越の安い一軒家に住まい、月収20万円前後だが、お子さん3人を含む5人家族で暮らし、必要以上稼がず、必要以上働かず、時間豊富で優雅に暮らしている。菊谷さんは宣言している。**偏狭な教育に染めたくないので子どもを学校に行かさない、と。**自ら家で教育も施す「ホームスクーリング」に歩みだした。

私の元に、金融業界の会社を辞めて自給暮らしを模索し始めている30代後半の男性が訪ねてきた。自分が低収入になるのはいいが、子どもから良い大学や良い企業に進める機会を奪ってしまいかねないか、悩んでいるという。

私は言った。「ピアノを習って挫折した女性が、母親になってお嬢さんにピアノを習わせ、期待をかける。それって押しつけだと思いませんか？　自分と同じ不幸を負わせる心のＤＶだと思うのです。金融という世間的には体裁のいい業界の企業だったのに、理不尽さに疑問を持ち、辛くて辞めんですよね。それなのにお子さんにもまた同じ轍を踏ませようとするのですか？　大学に進むことは素晴らしいかもしれません。しかし、それでは選択肢は企業への就職しかありませんね。大工さんや花屋さんなど、小さなナリワイへの選択も奪っているんですよね」

「良い大学」に行けないことは、「良い会社」に入れる選択肢を奪っていることも事実だろう。一方、良い大学を卒業したら、親からの期待や世間体やプライドが邪魔になって、小さなナリワイへ進むことや田舎に移住することや、人のお役に立つような収入が小さな仕事に進む選択肢を奪ってしまうのも事実だ。

当店には、大学を出たか出ないかの若い人たちが、企業に就職しない生き方や働き方に進みたいのだけれど、それは親の期待を裏切ることだから、どうしたらいいのか、と深い悩みを抱えて相談に来てくれる。

「良い大学」を目指して進むことが悪い、「良い企業」を目指して就職することが悪い、と言いたいのではない。**価値観を広げれば、常に選択肢は広がっている、可能性は開かれている、とお伝えしたいのだ。**子どもが自分らしく幸せに生きることこそが親の本望であり、「良い大学」や「良い就職」で幸せになるかは別問題である。フリースクールやホームスクーリングのほか、今後ますます既存の教育とは違うカタチが生まれてくる。

事実、フリースクール関係者の働きかけで、フリースクールや自宅での多様な学びを選ぶことができ、それらを義務教育とみなす法案が検討され、そうした理想にはまだ程遠いものの、「教育機会確保法案」が国会で取り上げられている（＊2016年12月成立）。当店には、学校に通えない子どもたちがネットですべての教科を学べるようなシステムを構築しているNPOの方も来るし、片親家庭で不登校気味の子どもを地域のお母さんたちで連携して、学習塾に通わせるなどの活動をしている方々も来る。

学校教育に染まって上を目指すのも良いが、それ以外にも、面白い生き方、面白い働き方があり、何があっても生き抜いてゆける知恵や行動力がつく教育やサポートもどんどん生まれてきている。周辺にそういうサポートがなければ、自ら作ってしまえばいい。

■義務教育の「義務」とは？

義務教育は、実は義務ではない。国や行政が子どもたちに教育を用意しなければならないという義務なのだ。本来は、教育を公共の未来投資と考えたら、大学まで教育無償化が当然だ。3〜4兆円で実現できるとも言われる。しかし、現実には、経済成長路線にはそれくらいのお金をつぎ込むが、その分、徐々に切り捨てられてきているのが教育と福祉。公的支出に占める教育関連予算の比率で、日本はOECD（経済協力開発機構）加盟国の中で、最下位を5年も続けている。そして、子どもの教育の画一化、就職するための教育、愛国心の強要という、時代錯誤な方向に舵を切りそうで怖い。ますます、学校以外の多様な学びの場が重要になるし、地域から勃興してくるだろう。

経済成長に貢献するだけの教育は、もう時代にそぐわない。お金を増殖させる、モノを増殖させることは、もう時代にそぐわない。**「教えない授業」のように、子どもたちが自発的に学んでいける、多面的に考えられる教育が、次の時代の教育だ。**足元から教育をRe Designしてゆこう。

Re:Company
会社に勤めないという選択肢

■仕事をすればするほど、失われるもの

より良い会社に入ったら幸せなのか？　私の元にも、当NPOの田んぼにも、次々に心の闇を背負ったサラリーマンが訪ねてくる。鬱は最低でも全国に400万人。働く人の3人に1人はウツ傾向にあるとも言う。1つの部署に休職者が数人というのが当たり前になっている。

会社は常に右肩上がりを要求する。「前年比○○％アップ」が掲げられる。右肩上がりなどできない時代に。右肩上がりなどしなくていい時代に。**みんな薄々気づいている。もう無理なんだ、もうオカシイと。**だから仕事しているフリが多くなる。表面上だけ頑張る。

モノをたくさん作れば作るほど、そして売れば売るほど、資源を浪費することにな

る、森を壊すことになる、海を汚すことになる、空気を汚すことになる、ゴミを増やすことになる、生き物を減らすことになる、人の健康が損なわれることになる。

もし武器産業に絡むとすれば、儲けのために人を殺すことにもなる。ミサイルや銃が使われるほど儲かることになる。戦乱で街が壊されるほど、復興や再開発の市場ができて、鉄鋼も精密機器もITもゼネコンも、多くの産業で利益が生まれることになる。武器を作って儲かり、武器を使えば追加発注で儲かり、街が破壊されるほど復興で儲かる。GDPは大きくアップする。

右肩上がりがない仕事もあるだろう。業界で言えば、教育や福祉や行政など。部署で言えば、人事や物流や管理部門や警備部門など。そういう現場では、期日以内に委託されたことを完遂せねばならない。売上目標がなくともコスト削減目標があるかもしれない。人が減らされて息つく暇すらない人もいるかもしれない。書類や会議やアリヴァイ仕事が増えて本来の大切な業務ができない場合もあるだろう。従業員の○○人をリストラせよという上部からの指示で人を辞めさせる人事など、担当者ほど病みかねない。必要のない防潮堤を作ったり、ダムを作ったり、何のためなのか疑心暗鬼のまま目の前の業務を遂行しなければならないこともある。米軍基地の建設を反対して座り込んでいるお年寄りたちや脱原発を訴えて歩くデモの平和的な人たちを力ずくで排除しなければならない警備に当たる人も。**良心があればあるほど辛い。**

■給料という人質

要は、給料と雇用を人質に取られて、会社や上司にオカシイことをオカシイと言えない。NOと言えない。**人は自分の良心や想いや発言や自由を奪われた時に、ストレスや悩みが増す。**それでも高度経済成長時代を経てバブルが弾ける1990年代初頭までは、毎年暮らしが便利になり、毎年モノが豊かになり、毎年給料が上がり、定年まで安泰だと信じられる見返りが充分にあった。しかし、バブルが弾けて25年近く、経済成長目指せど成長しない。給料は上がらないどころか、下がってゆくこともある。どんどん長時間労働、高ストレスになる。定年まで安泰な会社などなくなった。派遣社員や請負社員では3ヶ月先だってわからないし、年齢にかかわらずせいぜい20万円前後しか給料をもらえない。正社員から外されることはあっても、派遣や請負から正社員への道は閉ざされている。20万円あればいいほうかもしれない。アルバイトでは月に10万円稼ぐのも大変だ。「The消費者」にとって、10万円〜20万円の給料では生活がギリギリになってしまう。

■「ナリワイ」＋「自給」を組み合わせる

よって、より良い会社の元で働くことが、幸せと直結しない時代になって久しい。

それ以外の選択肢を探す必要がある。それが就職しない生き方だ。それには2つの方法がある。**1つは、ナリワイを興すこと。もう1つは、自給すること。**どちらかだけでもいい。しかし、両方やると、相乗効果がある。

ナリワイについては説明が必要だろう。『ナリワイをつくる』（ちくま文庫）著者の伊藤洋志さんの説明をお借りすると、**「ナリワイとは、個人で元手が少なく多少の訓練で始められて、やればやるほど頭と体が鍛えられて技が身につき、ついでに仲間が増える仕事のこと」**。とても的を射た説明である。難しく考える必要はない。個人自営業に準じたものと考えればいい。誰かの指示に従って業務を遂行して給料をもらう仕事でなく、自らの考えと判断でビジネスをすることだ。「小商い」という言葉も好きだ。個人自営業でも小商いでもナリワイでも、言葉は何でもいい。専業でなくとも、小さいビジネスを複数組み合わせてもいい。要は会社から給料をもらう仕事ではない、ということが肝である。

さて、ナリワイと自給を組み合わせるのがベターであると先ほど書いた。ナリワイだけではお金への依存度が100％でサラリーマンと変わらず、安心や将来のために「もっと稼げ、もっと稼げ」というストレスが増してしまうこともある。自給だけだと食べ物には困らないが、現代社会でキャッシュレスでは、閉じこもって暮らすことになりかねない。**だから両方の方法を取れば、ちょうど良くなる。**ほどほどお金を稼ぐが、食べ物を自分である程度は確保できるので、いのちを脅かされることがなく、将来への不安も和らぎ、カネや「もっともっと」に翻弄されない。

さて、ナリワイを興すには都会がいいと思いがちだ。都会は人が多いからだ。一方、土が少ない。都会でナリワイをしながら自給したいなら、農地がある田舎にも拠点を持つのが面白い。いわゆる二拠点居住。昨今、デュアルライフとも言う。これはまさに私の30代後半から現在までの生き方だ。とっても楽しい。都会と田舎のいいとこ取りである。

しかしそれなりのストレスや出費もある。移動時間は大きな時間ロスだ。たいていは自動車とガソリンが必要になるし、かかる交通費も大きい。二箇所の住まいにはコストがかさむ。都会にいる時間が半分だと「The消費者」から抜けきれず、浪費しかねない。

■田舎は課題先進地

そこで、もう1つの方法が加わる。自主的移住という選択。会社勤めでは転勤による引越しは多々あるが、自主的移住は自分自身（もしくは家族）で生きる場所を決めるダイナミックさがあり、なかなか刺激的だ。**自分が住みたい、家族で住みたい、と**

思っている田舎に自らの決断で行くのだ。

海の見える海岸や丘の上でもいいだろう。川の近くの風が抜ける場所もいいだろう。山や森の麓で鳥の声や虫の音に囲まれて美味しい空気とともに暮らすのもいいだろう。

田舎には仕事がないじゃないか、と思われるかもしれない。せっかく自分の決断で田舎に行くのだから、**仕事を与えてもらう発想から抜けて、仕事を作り出す決断をすればいい。**まさにナリワイなのである。**実は田舎ほど課題先進地だ。**課題が多いほど、小さなビジネスのチャンスがあるとも言える。また、インターネットを駆使すれば都会と変わらず世界を市場にすることだって可能だ。ナリワイがアナログだろうと最先端だろうと、田舎でもビジネスの可能性は広がっている。

今までは、より良い会社へという既定路線しかなかった。しかし、もはや会社に勤めても幸せとは限らなくなった。むしろリストラに遭わないか不安で、不幸になっていくこともある。良い会社に就職できなかった人は、コンプレックスと低収入に甘んじて生きてゆくしかない。そんな選択肢しかないなんて酷い世の中じゃないか。そんなの御免だ。

「ナリワイを興す」「自給する」という方法があるのに。デュアルライフなる二拠点居住という暮らし方もあるのに。そして、土を求めて完全に田舎に移住してしまうというダイナミックな選択肢もあるのに。そうしたRe Life, Re Workが、なんと刺激的で魅力的なことだろう。

「半農半X」という生き方。「X」にはナリワイ名を入れればよい。私の場合は「半農半Ｂａｒ」、もしくは「半農半〝呑み屋の親父〟」か。はたまた「半農半ＮＰＯ」「半農半著」「半農半トークイベント」でもよい。

ナリワイは1つでなくてよい。いくつでも楽しいことをすればよい。そうすれば、それぞれの収入が小さくても、それぞれが補完しあってリスクが減り、それぞれによって飽きが来ず、それぞれの刺激で楽しくなり、それぞれの連鎖でさらに新しいナリワイが生まれる可能性も秘めるからだ。

Re:More Money そんなに稼いでどうするの？

■お金があるという意味

お金がないと生きてゆけない。お金があればたいていのものは手に入れられる。だからより多く稼ごうとする。当然だ。そりゃ、たくさんお金があるに越したことはない。いつの時代でも、どこの世界でも、変わらぬ現実だろう。しかし困ったことに、より多く稼ぎたいという欲望には、キリがない。マイクロソフトのビル・ゲイツ氏は9兆円も資産がある。日本ではユニクロの柳井正氏とその一族で約8700億円。ソフトバンクの孫正義氏は約5700億円。楽天の三木谷浩史氏は約5200億円。財閥系の経営者ではもっと資産がある人も多いことだろう。年俸で見れば、ビジネスの世界での最高報酬はオリックスのシニア・チェアマンの宮内義彦氏で約55億円だろうか。メジャー野球選手の日本人では、トップは田中将大選手の約26億円だろうか。たいしたものだ。**しかしながら、そんなに稼いだり資産を持っていて、何に使うのか？**

普通以上の暮らしをしても使い切れない。例えば、1日3食1万円のフルコース料理を家族4人で食べたとしても、年間で4380万円。ちなみにそんな食べ方していたら、間違いなく1年で体を壊す。宮内義彦氏の年俸55億円を1年で使い切ろうとすると、毎日1500万円を使わねば達成できない。

日本で働く人々の実質賃金が下がっているというのに、一方で、使い切れないほどのお金を得ている人たちが増えている。これでは格差が広がるはずだ。1％の持てる人と99％の持たざる人。読者の99％も持たざる人かもしれない。ひと時代前、普通のサラリーマンの生涯賃金は2〜3億円なんて言われた。現在、日本人の平均年収は約400万なので、仮に20歳〜60歳まで40年間400万円ずつ給料をもらっても生涯賃金は1億6000万円。

派遣労働だと月給が20万円として年間で240万円、仮に40年間働いたとして生涯賃金9600万円。私の場合で言えば、年収3000万円で40年間働いたとして1億2000万円。宮内義彦氏は毎日1500万円使っても1年の年俸55億円を使い切れないと書いたが、もし、私が毎日1500万円使ったら、生涯賃金を8日で使い尽くすことになる、ありがたや⁉　さて読者の皆さんは、どれぐらいの年収？　どれぐらいの生涯賃金？　計算すると虚しくなる人が多いはずだが……。

結果、お金があったほうがいいのは当然と思う方もいるだろうが、一方でこうも思わないだろうか？　お金を持ちすぎたとて、意味があるのだろうか、と！

■人の価値は年収と比例しない

さて、僭越ながら、私の年収300万円。オリックスの宮内氏の55億と比べて1833分の1、田中選手と比べて866分の1だ。それでも私は虚しさを感じることはない。コンプレックスを感じることはない。

オリックスの宮内氏の人間性は私のそれより1833倍も大きいだろうか？　田中選手の運動神経や才能や努力は私のそれより866倍も優れているのだろうか？　そんなことはない。確かに彼らは普通の人より勝っているかもしれないが、人としての資質や才能や努力は、せいぜい5倍から10倍か、それほどでもないとも思う。

ちなみに宮内義彦氏は、1995年から政府の規制改革の会議の議長を10年以上も務め、労働者の派遣の拡大を推し進めた人だ。その結果、今の格差や貧困が拡大した。私の想いからすれば、それだけの側面においても、最低な人間である。誰よりも価値が低い人間である。最近のインタビューで彼は、まさかこんな格差になるとは思わなかった、とまるで他人事のように語っていた。反省や謝罪の気持ちはあるのだろうか。責任の所在はどこにあるのだろうか。

さて、話を戻そう。読者のみなさんが、稼ぐ力を持っている人と比べて例えば100分の1の価値しかないなんてことは絶対ない。ましてやビル・ゲイツの9兆円の資産に比べて派遣やアルバイトで働いている人が仮に1億円の生涯賃金だからと言って、人としてビル・ゲイツの9万分の1しか価値がないだろうか？

要は、この経済システムが富める人はさらに富むような不公平なカラクリになっているだけで、人としてそんなに大きな差はないのである。彼らがそんなに稼げたのは才能や努力もあっただろうが、たまたまの話である。馬鹿げた話でもある。だから、金持ちと比べてお金を稼げなくたって、気にする必要など全くない。

■稼いだ代わりに失うもの

社会に出て働いていればわかるだろう。ニュースを見ていてもわかるだろう。プロ野球選手などは別として、お金を稼ぐには、どれだけ汚いことをしている人や企業が多いことか。

私の周りにもお金持ちがいなくもない。**たいていは稼げば稼ぐほど、せこくなる。失うことが怖くなる。**そして遺産などを巡って家族がもめて仲違いになる。よくある話だ。または稼ぎすぎて金銭感覚がなくなり、稼げなくなっても稼いだ時の生活感覚を変えられず、破産してしまう著名人も多い。そんな人を見るたびに私はよく言う。「あぁ、金持ちでなくてよかった」「あぁ、貧乏でよかった」と！　額に汗して働き、お金を払ってくれるお客さんと直接ふれあい、泥だらけになって米を作り、日々に感謝して美味しいご飯を頂けるだけで、私は幸せに思うのだ。偉そうに指示だけ出して、誰かの不満を買って、現場の人を自分の報酬分まで余分に働かさねばならないなんて、私はまっぴら御免だ。

■犠牲の上の利益

より多く稼ごうとすれば、誰かを犠牲にすることが多い。株や金融商品で儲けているから、そんなことはない、という人もいるだろう。**しかし、株の上下で儲けている人は、その企業が社会的にどんな悪行をしているかまで目にしているだろうか。**

例えば同じ商品を作っている2社があるとして、1社は工場の環境汚染対策をしているとしよう。もう1社は汚染物質垂れ流しとしよう。利益はどちらが大きくなり、どちらの株が上がるか？　労働者の待遇に誠意を尽くしている企業と、労働者を安く使い捨てする企業があるとしよう。利益はどちらが大きくなって、どちらの株が上がるか？　2つの例とも、儲かるのは後者になるだろう。投資家は儲かるほうを選ぶ。すると、まっとうなビジネスをしている企業ほど、資金集めができなくなり、劣勢になる。現代の企業は株主至上主義で、従業員や取引先や地域社会や顧客より、株主に目を配る。だから経営者は、4半期のたった3ヶ月だけの利益を求めて目標を定め、従業員に無理を強いねばならない。

株は本来、その企業の社会的意義を見出して応援するためにできたシステムのはずだ。しかし、現在は売り買いの儲けだけが目的になり、その企業の社会的意義など考える人は少ないだろう。むしろ株主として利益を求めた結果、企業の社会的公正やコンプライアンス（法令遵守）を歪めることに加担することも多いのだ。

金融商品も、儲けだけを求めて世界中を駆け巡り、時に一国の経済破綻をもたらす。イギリスのポンド危機、アルゼンチン危機、アジア通貨危機、ギリシャ危機、アイスランド危機、リーマンショックなど！

■お金に翻弄されない

さて、より多く稼ごうという欲にはキリがない。同時に、今の時代に真っ当に働いても、そうそう稼げないし、無理に稼ごうとすれば長時間労働や過度なストレス労働になるし、取引先や従業員がいるならグレーやブラックになりかねない。だとしたら、**より多く稼ぐより、お金に向き合いつつも、お金に翻弄されない程度とはいくらなのか、を考えることが賢い。**暮らしてゆくのにいくら必要なのかを先に弾き出して、それだけを稼ぐのがほどほどで良い。それに達せず足りないなら、多少の努力や工夫が必要だが、それ以上稼げてしまった場合には、その分の稼ぎを減らしてほどほどに戻す。機会損失だ、損じゃないか、と考えるより他の人や他のビジネスの分け前になる、と考えればいい。

私は当店が満席の時、近所の想いのある同業店に、お客さんを案内してしまう。そんなことをしていたら、ある時から、その近所の店の数店が、当店にお客さんを誘導してくれるようになった。席が空いていて暇な時には、助かる。過分な時は他に譲り、不足な時は他が与えてくれる。ならせば過不足はさほどない。信頼でお金が循環する。とっても嬉しいじゃないか。

稼ぐために時間を奪われすぎないようにする。そんな思考こそ、次の時代へ向かう中で、幸せや満足感に帰するのである。

Re:More Things

モノを減らして、叶えるもの

■モノに時間を取られないために

　より多くモノを持ちたい、と願っているわけではないだろうが、結果として家がモノだらけ、という方が多いかもしれない。そして買い集めたものは、いずれ使わなくなる。たまに使う、いつか使う、と理由付けして捨てられない。

　でもテレビを見ながらラジオは聴けないし、ラジオを聴きながらCDプレーヤーなどで音楽を聴けないし、音楽の歌詞に集中しながらパソコンの操作はできないし、パソコンをしながらランニングマシーンで走れないし、ランニングマシーンで走りながら自転車には乗れないし、自転車に乗りながら車は運転できない。しかし、買い揃えるモノたちの支払いは大きくなり、それを払うためにもっと働かねばならない。働く時間が多くなれば、家にいる時間は少なくなるので、買い揃えたモノたちを存分に使う時間も少なくなる。**一つ一つのモノを使う時間は限りなく短くなるか、全く使わなくなる。**片付けや掃除も大変だ。片付けたものがどこだか行方不明になることもあるだろう。いよいよモノを置く場所がなくなれば、大きい家に引っ越す。より大きな住まいを安く、と考えれば、職場からさらに遠い郊外になる。モノを置くスペースが増えたが、モノたちを使う時間がさらに減るのは、通勤時間が長くなったからだろうか。スペースはモノが増えるたびに埋まり限界がくる。かくしていずれゴミとして捨てる羽目になる。もしくはゴミ屋敷になる。

■モノを減らして増えるもの

モノを減らし始めると、上記と逆のことが起きる。家の中にたくさんの空きスペースが生まれる。モノが見つからないということもないだろう。「手放せない」「絶対に必要だ」と思って残したモノをこよなく愛してたっぷり使える空間と時間が生まれてくる。大きな家とそれに伴う家賃は必要なくなり、小さな家賃の小さな家でスッキリ暮らせる。モノたちへの支払いが少なくなる分、働く量を減らせる。**するとさらに時間が生まれる。もっと、大切なモノをこよなく愛してたっぷり使えるようになる。**お金も余るようになる。掃除もラク。自ずと、虫も出にくい。ゴミも出にくい。買い物頻度も減り、ますます時間持ちになってゆく。

やりたいことや夢はお金があるからできる、とも限らない。時間があればできることがほとんどだ。お金があっても時間がなければ、やりたいことをする時間すらないわけだから。モノを減らすと時間が増すのだ。『ぼくたちに、もうモノは必要ない。』（ワニブックス、ちくま文庫）著者の佐々木典士氏は「モノを減らすことは、生き直すための助走」と言った。持ち物が少ないほど、小回りが利く。捨てるものがそもそもなく執着もなくなり、違う生き方へシフトしやすい。夜逃げだってあっという間にできるかもしれない。

■「The消費者」として扱われていいのか？

私自身、ほとんど買い物をしなくなった。持っているモノで自分を着飾ろうなどという見栄やコンプレックスは一切なくなった。テレビや雑誌で広告を見ると欲しくなりモノに溢れるだろうが、今はテレビを手放して15年、雑誌も滅多に読むことがなくなった。かつて暇ができるとよく買い物に行ったものだ。今はそんな発想すらなくなった。買い物に行くほど疲れることはない。わざわざ人ごみの中に入って、見なければ必要だと思わなかったモノたちを、買うか買うまいか、どっちが安いか高いか、損か得か、いちいち悩まねばならない。時間と思考の浪費だ。昼寝したほうがよっぽど気持ちいい。思い出してみれば私がかつて「The消費者」だった頃、ショッピングから帰ってきてまで、日にちをまたいで買うか、買うまいか、悩んでいた。買った後、それを後悔することもたくさんあった。

あの時間と悩みは、無駄だったとしか思えない。**そもそも、私たちは「消費者」として生まれてきたのではない。**しかし企業は私たちを消費者として扱う。モノを買わせる対象だ。それってオカシイって思わない？　バカにされているって思わない？

■「The消費者」からクリエイターへ

私は週末になると、東京から千葉県匝瑳市の田んぼに向かって車を走らせる。高速の東関道で右にディズニーランドを見ながら通り過ぎてゆく。浦安の高速出口はいつも渋滞している。駐車場に入るのにまた渋滞。園内に入っても、1つのアトラクションに数時間並ぶ。ひどいと1日で1つか2つしか楽しめない。メシを食うにもまた並ぶ。帰りの道もまた渋滞か。入場してご飯を食べて1万円×人数。それに加えた交通費。ディズニーランドが用意してくださったお膳立ての中で大金払って遊び、思い出を作る。悪くない。まさに「The消費者」だ。

私は浦安の出口の渋滞を横目に見ながら涼しく通り過ぎてゆく。田んぼで米を作り、畦で大豆を育て、様々な発見や学びや驚きを毎度得る。ご飯はお弁当を作ったり、仲間同士で作りあったり、地元産の新鮮で美味しい弁当を買ってもいい。野草を摘むのも楽しみだ。人が少ない里山で、誰の目を気にすることもなく、大地と空に挟まれて、生き物たちの鳴き声をバックミュージックに、昼寝する。

消費したものは交通費と購入した場合の弁当くらいか。「Ｔｈｅ消費者」に甘んじてなんていられない。企業のお膳立てに乗るなんてシャクだ。食べ物を育て、採取し、遊びをクリエイトし、感動と楽しさを自ら見つけ、生きる力を獲得する。**君は「Ｔｈｅ消費者」として一生過ごすか、それとも人生をクリエイトしてゆきたいか？**

より多く持つこと、お膳立てされたサービスを買うこと、それで満足することがステータスだった時代は終わった。「Ｔｈｅ消費者」なそうした行為は、もはや冴えないとさえ思う。買うことを減らすほど、人生は豊かになる。

Buy less, live more.

Re:Life and Death

死に方を意識して生きる

■大企業幹部の平均寿命！

誰でも漠然と長生きしたいと思っている。女性は平均寿命が87歳、男性が80歳を超えている。定年の60歳か65歳まで働き、老後はようやくのんびりして、最後は病院のベッドで死ぬ。おそらくは死に至る前は、点滴や鼻チューブや胃瘻《いろう》につながれているだろう。それでもできれば家族に見守られながら死にたいと思っている。葬式に知人友人が何人来てくれるだろうか？　入る墓はどうしよう？　そんなところまでは漠然と考えていると思う。

死を考えることは生きることを考えるに等しい。明日も生きているという保証はない。だから今日を、毎日を、どう生きるかが問われてくる。立派に生きよう！　と言いたいのではない。後悔ないように生きよう、と言いたいのだ。

私のＢａｒには毎日様々な会社、様々な職種の方が来る。ある大手電機メーカーの幹部が来たことがあった。**その会社の幹部は62歳が平均寿命だという。**データを取っているから間違いない、という。毎晩終電で帰るような暮らしをずっと続けて、生活が乱れ、ストレスが大きい。家族との時間や自分の健康を省みることができない働き方。めでたく60歳で定年になり、翌年までは同僚や後輩が訪ねてくるし、お中元やお歳暮も届くし、ゴルフの誘いもくる。しかし2年も経つと、誰も連絡がなくなる。**現役時代に家で何もしないできたから、定年後に家にいても何もできない。**家族からも煙たがられる。そんな中で、病気になってあっさり亡くなる方が多いのだそうだ。大手広告会社の人も寿命が62～63歳と聞いたことがある。都市伝説か真実かはわからない。しかし、私の父を見ても、そうかもしれない、と思い当たる。

父は小さいながらも会社を経営していた。諸々の理由により廃業にした。急に家にいるようになった父は、家事が何もできなかった。冷蔵庫を自分で開けることすらなかった。毎日一日中、座って囲碁をしていた。

「家で何にもしない。一日中座っている。ゴミ出しすら行かない。このままじゃ、お父さん、動けなくなっちゃうよ」と母は心配して私に電話してきたことが何度かあった。間もなくして父は風呂で脳梗塞を起こし溺れ死にそうになった。会社清算の財務処理が終わってから2年後だった。父とすれば、会社がなくなったことにショックや悔しさがあったことだろう。人は自分の役割を失った時、体の役割も失ってゆくのかもしれない。元気だった父が社会的張り合いを失って死に直面するまでたった2年だったのである。ちなみに父は現在も生きている。半身不随のまま、母の介護の元、車椅子に毎日座り続けながら1人囲碁に励んで、頭は元気だ。私は冗談で父に言う。「以前はお袋に〝一日中座ってばかりで何もしない〟って文句言われていたけど、今は堂々と一日中座って囲碁を楽しめていいじゃないか（笑）」。

仮にどれだけ良い会社に就職し、残業や休日出勤で働き続けて会社人間を全うし、めでたく定年を迎えられたとしても、その後、数年で死んでしまうなんて、どうなんだろうか。その人が仕事しか楽しみがなかったのなら、それで良いのだろうが。

■死ぬまで、ほどよく働き続ける

私は30歳で会社を辞める時、様々に悩んだ。生涯収入や死生観についても悩んだ。そしていざ辞めると決断した時、こう考えるようにした。会社で辛くても耐え抜いて60歳の定年まで在職できれば、それなりの収入と年金とで老後を暮らせるかもしれない。しかし、そこまで自分が保つかわからないし、会社だって続くかわからない。少子高齢化で年金がもらえるかどうかもアテにならない。だとしたら、**死ぬ寸前まで体が動くうちは現役でナリワイの仕事をしようじゃないか。**

小さなナリワイでは生涯収入はサラリーマンより大幅に少なくなるだろう。だけど、60歳以降もずっと仕事を続けられるなら、生涯収入が多いか少ないかなんてどうでもいいじゃないか。もらえるか危うい年金を頼りにせずに済む。しかし、嫌な仕事なら死ぬ寸前まで働くなんて耐えられない。**好きで楽しい仕事なら死ぬまで苦もなく続けられる。**誰かのお役に立ちながら死ぬまで生きるのだ。よくよく考えれば、なぜ60歳で定年にさせられるのか？　定年なんて概念はサラリーマン社会が作り上げたもの。ナリワイ人や職人さんやお百姓さんは、自分でもうできない、と言うまで定年はない。つまりは昔の人たちは定年なんてなかったんだ。

仕事が辛いなら早く定年になる方がいいが、仕事が楽しいなら定年などいらない。死のギリギリまで楽しい仕事をできるほうが遥かに幸せだ。

■本当の健康長寿法

今、私は40代半ばを過ぎ、好きなことをして生きるようになって16年。ナリワイを始めて13年。自給（米作り以外にもいろんなことが自分でできる〝百姓〟仕事）を始めて8年。その間、たくさんの方と知り合う中、ナリワイで定年を知らずに働いている人を身近にたくさん見るようになった。体が動く限り、現役である。そういう人は、世間の様々な人と接して生きているので、歳を取ったからといって、人の話を聞かないとか、自分のことだけ話し続けるなんてことは滅多にない。こういう風に歳を重ねたいと思う人ばかりだ。

自給をするようになってからは、お百姓さんとたくさん知り合うようになり、気づくことがたくさんある。**土を耕している人は年齢知らずで本当に元気なのだ。**土で微生物に触れ、雨風太陽を浴び、自然に抱かれて毎日の知的発見があり、体を動かし汗を流す。大地と自分の共作である作物を毎日採れたてで美味しく頂く。大地の恵みでご飯を食べ、いのちを謳歌できることに、感謝の念が生まれる。

田舎に行くと、90歳前後のお爺ちゃんやお婆ちゃんが、軽トラやカブのバイクを運転しているのをよく見る。それだけでも凄いな~と驚く。太陽を浴び、体を動かし、美味しく頂き、感謝し、早寝早起きする。**これこそ健康長寿への最高の理想形ではあるまいか。**

死を考えるにせよ、給料を誰かにもらう働き方で、時期が来たらサヨナラを先方から突きつけられるより、自分で定年を決められる、もしくは死ぬ寸前まで仕事を続けられる働き方のほうがいい。それには、ナリワイと自給が一番ふさわしい、というのが私の帰結になる。

■政治家さん、介護はどうしたらいいの？

介護の未来は問題が山積みだ。核家族化が進み、家族で見守るには限界がある。介護は概して女性に負担のしわ寄せがゆく。アベノミクスでは、一億総活躍社会が謳われ、女性活躍が謳われ、出生率を上げろ、子どもを産もう、と旗を振る。女性はもっと働きなさい、一方、子どもをどんどん産みなさい、そうすればGDP上がるでしょ、経済成長できるでしょ、と女性に負担を押し付けている。

アベノミクスが掲げる「希望出生率1・8」は、未婚者が増えていることもあり、結婚した女性が3人を産まないと実現できない。**女性には「もっと働け、子を3人産め、親の介護もしろ」ということか。**でも、教育の予算は減らす、保育所は足りないまま、という。一億総活躍社会をまともに受け止めたなら、これからの時代の女性は睡眠時間ゼロでサバイバルできるように肉体改造しなければ身が持たない。どうもオカシクない？

■介護職員を増やすために

さらに、アベノミクスは働く人の「介護離職ゼロ」を実現するなどと、できもしないことを恥ずかしげもなく謳う。ありがたいことに、親や家族の介護を理由に離職する人をゼロにしてくれるというのだ。

それは身内の介護を、すべて介護職員に委託できるようにするということ。ところが、受託する側の介護職員の労働人口は全く足りない。介護職員は非正規の方の割合が多く、賃金も低く、業務がハードで、ステータスは低い。それでは必要な人材が集まらないし、集まっても辞めてしまう。2025年には介護職員が250万人必要と予想されるが、現在は170万人だけである。「介護離職ゼロ」などと謳う前に、**介護職員の方々の労働条件を改善し、賃金を他の産業と見劣りしないくらいに上げ、介護は尊い仕事であるというステータスを上げるキャンペーンをしなければならない。**

介護士170万人、保育士40万人、平均給与は21万円。全産業の平均31万円からして極端に低い。210万人の給与を全員10万円ずつ引き上げたら2100億円。企業が溜め込んでいる内部留保は370兆円もある。そこに1%でも税金を掛ければ財源になる。介護を理由に仕事を辞める人をゼロにしたいなら、利益を溜め込んでいる企業に負担してもらうよう、政府が働きかければいい。だってGDP増やすために離職者を減らしたいんでしょ？

受託する介護職員側の課題だけではない。政府は介護を受ける側の条件を厳しくする。介護保険を受けられる対象者をどんどん減らしているのだ。今まで介護サービスを受けられた人が、受けられなくなるケースが増えてゆく、特別養護老人ホームに入所できる人の条件を狭めて限定してゆく、低所得の施設入所者への食費・部屋代の負担を上げる、福祉用具レンタル代を保険給付から外して自己負担にする、など進めている。

その結果、特別養護老人ホームから退所せざるをえない親を誰かが在宅介護しなければならないとか、施設での食費負担や福祉器具のレンタル代負担が重荷になって支払えないので、家族の誰かが家で介護や世話をしなければならないとか、要は、介護のために仕事を辞めねばならなくなる人が増えるのは確実だ。なのに「介護離職ゼロ」などと真逆を言う。政府は、言っていることとやっていることがアベコベなのである。誰が考えてもオカシクない？

■孤独死は悪くない

介護、延命治療、寝たきり、孤独死。そうなってしまう直前に、自分の意思で何を選べるかは難しいかもしれないが、あらかじめ理想を描き、行動していれば、それに近づけることも間違いない。

自分が歳をとり動けなくなったり、認知症になったり、障がいを抱えたり、介護される立場になったとしよう。誰もが必ずそういう時が来る。介護保険サービスが受けられればいいが、今の政府の在り方を見ていると老後を委ねることもアテにできない。

そもそも結婚しない人が増えている。結婚しても子どもがいない夫婦も多い。夫婦でも後に残るほうが1人になる。こうして考えると、家で1人で死んでゆくことは珍しいことではなくなる。どんどん増えてゆく。

病院で死ぬことは一般的だろう。日本は寝たきり老人が多い。世界一多いベッド数に世界一長い入院日数。理由は様々だ。病院任せの入院、社会的入院（何かの理由で家に戻れないため入院し続けること）、延命措置、などなど。延命措置は欧米では倫理観に反するという認識が大きい。鼻チューブも胃瘻も本人にとってはとっても痛くて辛いことなのだ。日本では救急車で病院に運ばれたら、本人の意思を問う間もなく延命治療が行われる可能性が高い。私は、病院で延命されながら死んでゆくのは嫌である（＊最近は、医療費削減のためか、すぐに追い出されるケースも増えている。それはそれで問題だ）。

いろいろ考えると、私は孤独死でいいと思っている。寂しさもあるだろうが、かたや、煩わしさがない。潔く物想いにふけりながら、人生を回想しながら、逝く。死ぬ寸前は何かしら痛いし辛いかもしれない。それでも病院の延命治療よりはいい。死は誰もが通る道なのだから避けられない以上、多少の痛みや苦しみは覚悟する。諸説によると、衰弱し、食べられなくなり、10日から2週間くらいで老衰にて逝く場合、痛みはほとんどないとも言う。農作業やナリワイで動ける限り体を動かし、やがて死期を悟り、食欲もなくなり、食べられなくなり、気持ちよく一人で逝く。いのちを全うして、あの世に逝く。

誰もが通る道なのに、医学も科学も宗教も、死後の道程の真実を知らない。誰もが必ず通る未知への道。人生最後の冒険、なんとも楽しみではないか。

■スウェーデンに寝たきり老人はいない

そんな理想通り死に向かえたらいいのだが、そうもいかないこともあるだろう。日本の三大死因は、癌、心疾患、脳血管疾患。例えば脳血管疾患で倒れた時、どう判断すればいいのか。その状態ではそもそも判断などできない。病院に運ばれるだろうし、早期であれば回復が可能なこともある。一方、半身不随で暮らすことになるかもしれない。自分の思い通りに行かないのが、いのちである。どういう形にせよ、介護に頼らなければならないかもしれない。しかし、先述したように、介護保険制度がアテになるかはわからない。億万長者なら老後の心配もなかろうが、むしろたいていの人たちが低所得化してゆくのだから、なんとか現在の介護システムを良いものに変化させていきたい。

例えば、スウェーデンは寝たきり老人がいないという。ほとんどが家で死ねるという。自分で食べられなくなったら、無理に食べさせることをしないからだ。そして介護士が家で死ねるように1日に何人も訪ねてくるという。死を迎える本人も、家族に頼らずに家で死ねることを良しとする死生観が普通という。

スウェーデンの平均寿命は日本より1〜2年短いだけだ。私はそういう形の死を迎える社会に変えて行きたい。

葬式はやらなくてもいい。やったとしても最小の身内だけで小さくでいい。屍《しかばね》は土にそのまま埋めてもらってもいいのだが、制限が厳しくなかなか難しい。焼いて骨壺に入れてもらうことになるのだろう。骨を土に埋めてもらってもいい。海にばらまいてもらってもいい。どうしても拝みたい、という人がいるなら遺骨の一部を持っていってもらえばいい。墓に納めてもらっても、納めなくても、どっちでも構わない。家族と相談しながら決めるが、こだわりはない。魂の抜けた屍は土に戻るのが自然なのだから。

■どう逝くか、イメージする

常にそうやって死に方を意識しながら生きている。だから、今を後悔なく生きるこ

とができる。明日突然の事故で死んでも構わない。いつ死んでも残る人に迷惑をかけないように、なるべくモノは少なくしようと心がけている。私物のすべてが押入れの半分に収まる量になるよう意識している。増えすぎたな、と感じたら、減らす。大金を残す必要はない。遺産問題はたいていの場合に、兄弟や親戚の仲違いに発展する。大金を稼ぐような能力が私にはないので心配はいらないのだが。

私は死が近いことを悟れたなら、体が動くうちに持ち物をどんどん手放し、最後は枕元に段ボール一箱分のモノだけにするのが夢だ。家があれば、死後にどうするのか考えている。社会的な活動をする団体に寄贈するにも税金がかかるし、解体するにも費用がかかる。枕元の段ボールの中に１５０～２００万円を入れて死ねたらいい。もしくは口座にその額を残して、段ボールに遺言と印鑑と通帳を入れておければいい。寄贈か解体の費用、屍の処分の費用だ。

「諸行無常　諸法無我」。この世に変化しないものはなく、自分のものなど何一つない。自らの肉体でさえ、焼かれようが土に埋められようが、いずれ水と土に戻るだけだ。そしてまたいつか、何かいのちの源になる。当たり前のことだが、金もモノもあの世には持って行けない。だとしたらシンプルに生き、シンプルに死んでゆくのがベターと思うのだ。

日々の仕事や雑事の忙しさに時間を奪われていると、老後のことや死について深く真剣に考えるに至らない。いざ、病気や事故にあった時、家族や医者や病院に自分をどう扱ってもらうか、死に際してどう扱ってもらうか、考え抜いて周囲に伝えている人は少ないだろう。事故や怪我は別として、病や老衰において、人は自分の力で食べられなくなったら10日から2週間で死ねる。死ぬかもと思った時、残された時間をゆっくり味わい楽しむ。そのために必要なのは、どう死ぬか、を常に頭に入れて日々を生きることであり、今を後悔なしに生きることでもある。

■常識から離れると、選択肢が見えてくる

常識で考えれば、生きてゆくには「もっとカネ」が必要である。大学に行くにもカネがかかり、社会人になれば、それなりにモノが必要になり、パートナーができればデート代はかさみ、結婚披露宴を華やかにすれば出費は大きく、子どもが生まれれば教育費は莫大で、家を買えば30年もローンを払い続け、定年後は年金をもらうまでの空白期間の未収入は痛手になり、パートナーのどちらが先か認知症や介護が始まり、サービスを受けるにも施設に入るにも人生最後の大きな出費が伴い、葬式代もそれなりにかかる。

これが普通の人生の物語で、ずっとお金を払い続ける「Ｔｈｅ消費者」としては完

壁だ。GDPにも貢献し、アベノミクスの一般人部門で表彰してもらえるだろう。

しかし述べてきたように、**思考を変えれば、お金はほどほどでも大丈夫になる。**子どもを良い大学に入れるために高額な塾に通わせるより、広場で遊ばせる時間や将来に何をしたいか見据える機会を作ってあげるほうがいいかもしれない。滅多に使わないことになるモノを買い続けて自己を満たし、他人への優越感や他人との比較に明け暮れるより、持たざる幸せでシンプルに暮らし、ないものは工夫と智恵と貸し借りで充分と考えれば、出費も稼ぎも小さくていい。

結婚披露宴は単なる型にはめられたマニュアル型シナリオのパフォーマンスと気づいてしまうと、より上乗せの追加料金で内容が充実してゆくビジネスサービスを消費させられることに、なんだか興ざめだ。私には上っ面のピエロ行事に思えてしまう。お金を掛けずにその人なりの個性豊かな披露宴はいくらでもできるはずなのに。**私は砂浜にある海の家を借りて結婚パーティーを開いた。**田舎暮らしで庭や畑があるなら、自宅パーティーで、料理も参加者が一品持ち寄り（ポットラック）にしたら、結婚する2人も参列する方々も負担が少なくていい。披露宴は疲労宴。そもそもやらなくたっていい。ラブラブの幸せ具合を見せびらかす必要はない。

家を買うのも良いが、転勤、減給、リストラ、事件や事故、災害などでその地を離れる選択を余儀なく迫られることだってあり得ることを考えると、賃貸のほうがいいという判断も成り立つ。後述するが、田舎に行けば人づてで借りられる家は、**庭畑つき、井戸まである大きな一軒家で月3万円にも満たないことも多々ある。**私の知る限りでは3万円を超える例のほうが珍しい。タダとか年間で5000円などということすらある。ただし、自らのリノベーション作業が伴うのだが、それも楽しいものだ。

老後や死後も既存の考え方から脱すれば、様々な選択があるのだ。そんなにお金がなくたって、常識と違う良い死に方ができるかもしれない。

お金はほどほど必要だ。でも過分には必要ない。「もっとカネ」「もっと稼がねば」「もっと給料を」と常に頭に「¥」があるとしたら、政府や経済界には経済成長を実現してもらわなければならないと考えるだろう。しかし、成長はもうできない。格差が広がるだけ。それがわかっているなら、自分がカネを求めるほど、世の中が壊れてゆくことになりかねない。カネには向き合うが、魂は売らない。まず思考を変えて、Re Life し Re Work し、Re Design していこう。次の時代を先に生きよう。

第4章

Re:
Life

まずは暮らしから
変える

Re:Materials
モノは最小限で大丈夫

■暮らしを捉え直すことからはじめよう

暮らしを捉え直そう。時代の先を生きてしまおう。変革の先を生きよう。モノを減らし、手料理し、少々でも自給し、暮らしの場所を変え、安価な一軒家に住まい、空間を有効に使い、低収入でも大丈夫な暮らし。これこそが懐かしくて新しい時代の先のRe Lifeだ。

人が暮らすのに、モノは思いのほか必要ない。必要以上にモノを持っているから生きることががんじがらめになる。**消費や所有が美徳などという時代は終わった。減らし、分かち合う、という時代に変換してゆくのだ。**

ＩＴの進化により、人は様々な恩恵と危険を受けるようになった。情報を集約し時間を節約することができるようになった反面、時間と情報を奪われるようにもなったし、現場で手足を動かすことが遠のいたかもしれない。そこを承知してITを使い分ける必要があるものの、モノを減らすにはとても便利である。音楽も映像も写真も原稿も計算も記録もすべてデジタルに集約でき、場所に制約されない。仕事も暮らしもシンプルにできる。

部屋に本棚はいらなくなった。CDラックはいらなくなった。ステレオもテレビもラジオもいらなくなった。少々の電気が電子機器まで届けば、世界とつながりながら自分をシンプル化できる。そうだ、モノを減らそう。

【服】

服はどうせ気に入ったものしか着ない。上下およそ3種類ずつ、下着も靴下も3つずつ、それだけあれば大丈夫。靴は2足あれば充分だ。ハンカチとタオルがなくたって、手ぬぐいがあればすべてを兼ねる。お気に入りの服は何度でも修繕すればいい。農薬を大量に振りまいて大地を汚す綿花栽培や、毛皮や革製品のために動物を無惨に殺すことに加担する必要はない。流行と廃《すた》りで買っても着ないで部屋に溜まり続け、いつか捨てる、そんなことを永遠に繰り返す必要はない。

【食器】

茶碗とお椀と小さな取り皿が家族分＋αあれば大丈夫。大きく洒落た皿が3〜4枚あれば、料理をのせて取り分ければいい。来客があるならポットラックにすればいい。器や箸を増やす必要はない。素晴らしい器を作る職人に貢献するのはよいが、人件費を搾取しながら画一的に作られる工業製品に満足する必要はない。

【調理道具】

鍋は2つもあれば大丈夫。煮物も蒸し物もご飯を炊くのもすべてできる。蒸し物は、鍋の直径と同じボールかザルがあれば用が足りる。鍋に水を入れ、ボールかザルをあてがい、そこに蒸したいもの、温めたいものを入れ、蓋をして火をつければいい。土鍋でご飯を炊けば早くて美味しい。炊飯器も、蒸し器も、電子レンジもなくて大丈夫。本来は1つで用が足りるのに用途を細分化して「便利だ」と促す広告に騙される必要はない。

【調味料】

醤油と味噌と塩だけで大丈夫。酢と味醂《みりん》があれば上出来だ。それだけで大抵の美味しいものは創れる。大切なのは本物を使うこと。安い大量生産のものを使うから味が決まらず、余計な調味料が必要になってキッチンが乱れる。そして舌も身体も乱れる。

本物を使って本当の美味しさを手に入れれば、体調不良が減り、怠《だる》さが減り、病気が減り、医療費が減り、総コストが減る。だから値がはる本物を使っても大丈夫。買い物が減り、買い物時間が減り、買い物頻度が減り、値段で選ぶ悩みが減る。浮いた時間は調理に回そう。安かろう悪かろうで何を使ってどう作られているかわからないジャンク工業生産品で身体を壊す必要はない。

【化粧品】

化粧品はなくても大丈夫。化粧水や油脂やフレグランスくらいは自分で作ればいい。化粧品で肌から荒れる。何もつけないのが美肌を保つための真実だ。睡眠こそが美肌を保つ。腸内発酵こそが若さを保つ。エイジングを受け入れることがアンチエイジング。歳を重ねても実年齢より若く見せようとするから、化粧品の下に隠れた皮膚が実年齢より劣化する。歳を重ねる美しさがあり、歳相応の美しさがある。

本当の美しさを手に入れたいなら、化粧品を買い込んで化粧に時間をかけるのでなく、経験に磨きをかけよう。笑顔に磨きをかけよう。自然体に磨きをかけよう。ありのままの姿は必ず自信に満ちあふれて美しく見える。悲惨な動物実験で作られたケミカルな化粧品で、貴重な美肌を損なう必要はない。

【日用品】

歯磨き粉も石鹼もシャンプーもリンスも使わないで大丈夫。すべてを天然塩で代替してもいい。髪の毛はお湯で洗えば大丈夫。石鹼くらいは自分でも作れる。シャンプーやリンスは経皮毒の元凶とも言われる。そもそも身体も髪もゴシゴシ洗い過ぎないほうがいい。健康に役立つ有用菌やしっとり肌を保つ油分まで洗い流してしまう必要はない。


【洗剤】

様々な洗剤や滅菌・殺菌・抗菌を謳うものはなくても大丈夫。水、酢、重曹、微生物系で充分なんでも綺麗にできる。菌をすべて排除するから免疫力が落ちて病気になる。口に入れて危険なものを身近に置いておくこと自体が疑問だが、どぎついネーミングでギラギラデザインのプラスチックボトルが、トイレ、風呂、キッチン、部屋の至る所に置いてあることのセンスの悪さ。川や海の美しさを汚す毒物を君までが使う必要はない。


【薬】

薬がなくても大丈夫。病気は食べ物や食べ方や断食、野草や自然療法などで大抵治せる。切り傷や虫刺されなど、アロエやヨモギやドクダミ草、ビワの葉やハチミツで大丈夫。どんな薬も自然界のものをまねるためにケミカルなものを合成する。なら自然界のものをそのまま使えばいい。人を薬と病院漬けにして儲けを貪る医療業界の罠で身体を病気予備軍にする必要はない。

【テレビ】

テレビがなくても大丈夫。政府に都合良くコントロールされた情報や、人の不幸に効果音までつけるワイドショーや、芸能人を並べてどうでもいいことを伝えるバラエティー番組や、モノを次々に買わせるために劣等感を植え付けるＣＭはいらない。ステレオタイプなプロパガンダを無意識に信じ込まされ、思考する能力を低下させられ、時間のムダだし、能力が劣化する。それより本を読んだり、空を眺めたり、何もせずにいたり、唄ったり、踊ったり、絵を書いたり、なにより早寝したほうがいい。気づかぬうちに政府の言いなりと化し、大企業のお得意さんと化し、関係のない誰かと比較させられ、劣等感まみれになるカラクリに巻き込まれる必要はない。

【紙】

紙類は買わなくて大丈夫。紙や封筒は毎日のように郵便物で届く。その裏紙を使えば大丈夫。封筒は切り貼りして再利用すればいい。知人や取引先が届いたそれを不愉快に思うなら、その程度の関係は解消したほうがいい。むしろ、受け取った人は君のメッセージ性を快く受け止めるだろう。見習ってくれるかもしれない。新品を買って海外の森林伐採に加担する必要はない。

【保険】

保険は最低限で大丈夫。保険はいざという時に払ってもらえないことが多い。入りたいなら全労済（＊現・こくみん共済）や都道府県民共済で充分。契約というものは身体にロープをつながれているようなもの。外すほど自由になる。徴収だけはしっかりしていて支払いをためらうような保険会社などに、毎月の身銭を引き落とされる必要はない。

【電気】

電気は東京電力などの既存電力会社でなくて大丈夫。自然エネルギーを進める地域の電力会社と契約しよう。もしくは電気を自分で作ってしまうオフグリッドが最先端。家電製品を減らし、熱や暖は電気で作る必要はない。電線を家から切り離したらさぞ気持ちいいだろう。世間が停電しても自宅だけは電気が確保できる強さ。石油石炭と原子力で地球と人を徐々に害してゆく電力会社などに、大切なお金を垂れ流す必要はない。

ＩＴの進化で、ノートパソコン1台あればほとんどを代用してくれる時代になった。書類作成から計算から会議からコミュニケーションまで。時計も、電話も、動画も、カメラも、ゲームも、ＤＶＤプレーヤーも、ステレオも。電話しながら映画は見られないし、音楽を堪能しながらゲームはできない。どうせ1つのことしかできないなら同時に同じスペースに多くのものがある必要はない。ノートパソコン1台で充分だ。不要なものたちのために、大きなスペースを要し、部屋を狭くし、出費を増大させ、そのためにより多く嫌な労働をする必要はない。

そうして必要と思っていたものや契約書類が減ってくれれば、家具や棚や収納が少なくてすむ。部屋が片付き、暮らしがお洒落になる。少ないものでことを成すための創意工夫が生まれる。依存心より自立心が大きくなる。人間力や生存力が高まってゆく。**人生を方向転換したい時、新しいことをする時、モノや契約が邪魔をする。**腰が重くなり二の足を踏ませる。モノが少ないと引越し、移住、新たなチャレンジが、軽やかにできてラクである。

■手放せば、入ってくる

私は買い物が嫌いなわけではない。しかし、買いたいものを目の前にした時、他で代用できないか、自分で作れないか、考える。買う楽しさは虚しさに変わることが多いが、減らす楽しさが虚しさに変わることはない。だから買うより減らすほうが遥かに上回ってワクワクする。爽快感で気持ちいい。住まいが常にシンプルで、モノの配置ひとつで模様替えしたような気分になれる。掃除も楽だ。

この世の中で1つだけ定理を絞るとすれば、**「出せば入ってくる」**ということに尽きると思う。満員電車が駅に着くと乗っていた人が先に降りる、でないとホームに待っていた人は乗れない。満腹なのにご飯を食べるのは難しく、胃の中を減らすのが先だ。コップに水が満杯なのに更に水は足せないが、コップからこぼせば新たな水を入れられる。

心も同じだ。心には制限はないが、雑然としていれば新しい発想や考えは浮かばない。減らすことこそが心の成長と言ってもいい。減らすから、工夫と智恵と行動が生まれる。便利さは工夫と智恵と健康を奪う。

大量生産の不必要なモノを買うのを控えよう。いいモノだけを残してモノを減らそう。それぞれの価値の中で、モノを最小限に近づけてゆけばいいのだ。そうして、「The消費者」から抜け出そう。

GDPを減らそう。経済界と政界には怒られそうだ。

でも幸福感は増すのだから。

Re:Cook
料理の価値を捉え直そう

■工業製品と化した食べ物

グルメとは、外食にあり？　加工食品？　美味しいと思わされているものは、美味しいものではない。ましてや健康とは程遠くなる。普通の農作物には生命に害を及ぼす農薬や化学肥料が多用されている。種からして操作されているものが多い。

その結果、大地が汚染されて、**野菜におけるビタミン・カルシウム・ミネラルなどの栄養価は、日本の田畑がまだ健全な土であった1950年代に比べて軒並み半分以下になっている。**鶏も豚も牛も健全に育てられているものなどほとんどない。太陽の光のもとに出ることもなく、大地を自由に歩き回ることもなく、狭い囲いの中に何匹も入れられて、糞まみれで、無残に慈愛のないまま屠畜される一生。生き物としての尊厳を奪われて、薬漬けにされて、豚は互いが食いちぎらないように尻尾を切り落とされ、鶏は互いが攻撃しないようにくちばしを切り落とされ、外国産の遺伝子組み換えの餌を与えられることさえある。生命倫理に反した育てられ方なのだ。

加工食品や冷凍食品は中身の農産物がどこでどうやって作られたかわからず安全か不明な上に、添加物を多種多様に入れている。しかも何度も加工の過程で水煮していると栄養価が水に逃げ出していて野菜自体に旨味も栄養もほぼない。自然界にはありえない生命操作をして作られる遺伝子組み換え食品。危険性は十分なほどに証明されているのに、法律や規制の目をくぐって日本中に広がっている。サラダ油は多くに遺伝子組み換えが混じっていると言ってよい。家畜の餌も遺伝子組み換えが多い。

仮にTPPが実施されたら遺伝子組み換えの農産物や加工品も堂々と輸入され、今以上に怪しい食べ物が増える（＊FTAも同様に危険だ）。

3・11での福島原発事故以降、放射性物質セシウムが100ベクレル／kg以下なら安全と言われて流通している。それ以前まで、100ベクレルとは『低レベル放射性廃棄物』として扱われ、燃やして処理し、アスファルトに混ぜてドラム缶に詰め、原子力発電所に一時貯蔵し、終局的には青森県六ヶ所村の高レベル放射性廃棄物貯蔵管理センターで集中管理されなければならないものだった。

■外食の危険性とは？

世の中の飲食店のほとんどは、先に述べてきた食べ物たちを罪悪感もなく使っている。粉末の風味調味料や固形の「ブイヨン」など、化学的なものを使えば誰でも簡単に料理を美味しく装える。しかし、もはや本物の味でないし、健康にも寄与しない。飲食店のメニューの大半は、電子レンジでチンするだけ、揚げるだけ、という加工食品だったりする。飲食店向けの格安加工食品カタログがあるのだ。注文して食べる人からすれば、食品表示や原産地すら確認できないのだから、実は恐ろしい。

無頓着に外食し、店を選ばずにお惣菜やお菓子や食品を買って、それらを日常的に口に入れていたら、体内が複合汚染され、様々なアレルギーや病気になるのは当然だ。先天性異常や発達障がいのお子さんが増えている背景には、食べ物の影響も大きいと私は考える。**もはや、食べ物が食べ物でない、食べ物は工業製品なのだ。**

食べ物の世界がますます妙になってゆく。それとは知らずか、マスコミに登場するグルメや加工食品やジュース類を、美味しいね！　健康に良いんだって！　と言いながら体に入れている。真実を知らないがゆえに、病気への片道切符を喜んで購入してせっせと体に入れているようなものだ。

そしていよいよ病院に行けば、今度は薬と手術でさらにケミカルなものが体に投与されて、あの世への近道を手に入れられるのだ。そろそろ本来の味覚を取り戻し、巷のものが美味しくないことを体に気づかせ、不健康への片道切符をキャンセルしよう。

■手作りの料理を作ろう

キャンセルしてしまったら、他にもう食べるものないって？　そんなことはない。**自分で、家で、料理すればいいのだ。料理とは、素材から調理するものだけをそう呼ぼう。**そんなの難しいって？　難しいと思わされているだけだ。実は簡単なのに、忙しさに時間を奪われているから便利なものへと誘導されているだけ。でも、いいものは値段が高いって？　それも思い込みで、**一品一品のコストは高くなっても、質が高い分、余計なものを組み合わせたり加えたりしないですむ。**だから食材の総コストは安くなる。しかも、病気しなくなり、病院代や薬代もいらなくなるのだ。本当の美味しいものを美味しくいただき、健康になる。それだけで感謝の気持ちが生まれてくる。そんな当たり前の安心と幸せを得て欲しい。

■素材がよければ料理は簡単

手作りの料理こそが体を養う。素材から作るのが一番いい。難しくない。ミネラル豊富な本物の天日塩と、伝統製法で発酵した本物の味噌と醤油だけあれば、大抵が美味しくなる。味噌や梅干しは思うほど難しくないので作ればいい。

【ダシ】

ダシは風味調味料を使わずとも、寝る前に昆布や椎茸を水につければ朝には出来上がり。数時間置くだけでいいのだ。ダシ汁に使った昆布と椎茸は小さく刻んで醤油で煮詰めれば佃煮になる。

【漬物】

漬物は「漬物の素」みたいなものを買わなくたって、野菜を刻んで天日塩で揉んで、あとは好みに応じてショウガやニンニクやシソや唐辛子や醤油やお酢や柑橘系を少々加えればいい。

【オーガニックの野菜】

オーガニックの野菜は、蒸しただけでも美味しい。炒め物であれば天日塩だけでも、お醤油だけでも、しっかり味がついて美味しくなる。ニンニクやショウガで炒めれば旨味充分だ。煮物であれば野菜をダシ汁に入れて醤油を入れるだけでも美味しくなる。人工的な甘みはいらない。砂糖などはかつて日本では料理に使わなかった。野菜などの素材がオーガニックであれば、甘味はそれ自体が持っている。どうしても甘味をつけたいなら本物の味醂や蜂蜜や米飴や甘酒を使えばいい。砂糖は百害あって一利なし。特に精製白糖は使わないほうがいい。炒め物の油は国内産のものを使えばそれだけで風味が良くて安心だ。遺伝子組み換えの心配も今のところはないだろう。

【干し野菜】

余った野菜を小さく薄く切って数日間天日で干せば、常温で保管できる保存食になる。それを水で戻せば、それだけで旨味あるダシが取れて、同時に具材になる。茹でて天日塩を入れればスープになり、味噌を溶けば味噌汁になる。

【ドレッシング】

ドレッシングは、油、醬油、味噌、塩、レモンなどの柑橘系の絞り汁やショウガやニンニクやニラやシソなどを好みで刻んで入れるなど、好きに混ぜ合わせればいい。買う必要はない。市販のものに味を近づけたければ、原材料表示を見て、その中の添加物以外の原材料を混ぜ合わせれば、ほとんど同じものが作れるし、もっと美味しくなるはずだ。

そのほかにも蕎麦やうどんのつゆは、ダシ汁と醤油と味醂を混ぜ合わせて沸騰させるだけで美味しいので買う必要はない。ラー油は、ごま油に炒めた唐辛子を入れて火にかければいい。紅ショウガはショウガを細く切って梅干しを作った際の余剰物の梅酢に漬けるだけなので買う必要はない。こうして、実は買わなくてすむものがほとんどなのだ。

■ニセモノの食べ物に体が反応する

料理道具も少しでいい。基本道具として、まな板1枚、包丁1本、菜箸1膳、ボールが1つ、サジ1本、おたま1つ、おろし金1つ。煮物も蒸し物も炒め物も揚げ物も、鍋が2つ、フライパンが1つ、ザルが2つもあればいいだろう。

こうして料理ができるようになると、出来合いのものがマズく感じるようになる。美味しいと思っていた外食や加工食品もマズく感じるようになる。マズイだけでない。体が反応するようになる。食べた瞬間に口内炎ができたり、数時間後に吹き出物ができたり、翌日、だるさが出たり、便通がおかしくなったり。**普段から本物を食べていると、偽物への反応が鋭くなり、異物を外に出そうとしてくれるのだ。**人の体はすごい。良い食べ物が健康で健全な肉体と精神を作る。悪い食べ物が不健康で不健全な肉体と精神を作ってしまう。

社会人になって家を出てから30歳までの私は、毎日、コンビニやスーパーの加工品と外食ばかりだった。だから心が蝕まれていったのだろう。「いただきます」「ごちそうさま」の言葉の重さすら気づかなかった。私のいのちが他のいのちに支えられていることに気づかず感謝すら持ち合わせていなかった。

■「だるい」が死語になる

Organic Barを開業して数年経った頃、お客さんの会話を聞いていてびっくりしたことがあった。「最近だるいよね？」。**自分の中に「だるい」という言葉が消えていたので、久しぶりに耳にした言葉でびっくりしたのだ。**

思い出せば、30歳までの私は、ことあるたびに「だるいな～」とつぶやいていた。実際に体がだるかったのだ。なぜ、だるさがなくなり、だるいという言葉が、私の中で死語になったのだろう。疲れはあっても、だるさは体感しなくなっていた。

確実なことがある。マクドナルドなどのジャンクフードや加工食品を食べる量がすごく減っていた。缶ジュースやペットボトルの加工ジュースを全く飲まなくなっていた。代わりに本物を食べ、飲むようになっていた。結果、だるさとは、ケミカルなものを摂取するから生まれることに気づいた。その後、たまに酷いものを食べたり飲んだりした時、翌日がだるくなることもわかった。

今でもたまに外食でラーメンなどを食べるが、口にした数秒後に口内炎ができることがよくある。コンビニのドーナツを食べたら口内皮膚が瞬時に剝がれたこともある。ケミカルなもののせいかどうか断言できないが、私は体が危険物質を察し、デトックスしようとしてくれていると日々強く実感している。

■食べ物で人が変わる

私の店に来たお客さんに有機農家さんや自然農法の農家さんを紹介することがある。会社でパワハラやモラハラをされて追い詰められている女性がいた。彼女に私の親しい農家さんを紹介した。数週間後、彼女が再来店した。農家さんから野菜を届けてもらって食べるようになった。それまでは仕事がない土日、精神と肉体の疲れでぐったり寝てばかりで最低限の外出しかできない体力だったという。**ところが食べ物を変えたら、土日も元気になってしまった。**持て余すような元気さをもとに、様々な生き方の人に会いに、面白い地域を見学に、興味あるワークショップや講演に、どんどん出かけるようになった。

会社の社長にも理不尽さを伝え、退社と引き換えに賠償金を勝ち取った。食べ物を変えて数週間で人はそんなに変わるものかと、私もびっくりした。たかが食べ物、されど食べ物！　当店には食品流通や飲食関係の人や、給食や病院食や介護食の調理をする人がたくさん来る。皆、口を揃えて言う。あまりに酷いものを使って、酷い調理方法で、もう耐えられないと。もう続けることを自分が許せない、と。**現場が酷いことは、現場が一番知っている。**

素材に良いものを選んでも、安いものと比べて数十円かせいぜい数百円高いだけ。外食こそ危険な上に、一回飲みに行けば3000円は下らない。健康に貢献して病気になりづらいことを加味したら、素材から自分で作る方が遥かに安くて美味しくてグルメなのだ。

雑誌や「ぐるなび」や「食べログ」を見て、食べ飲み歩く時代は終わった。バブルっぽくて、成金っぽくてダサい。**家メシの時代が始まっている。**1人で食べるのが寂しいなら、手作り料理一品持ち寄りで仲間と集まればいい。安上がりだし、手料理自慢話から会話が弾むだろう。料理を作る。実は難しいことではない。

■シンプルで伝統的な日本食がいい

外食が多くなれば、肉が多くなる。また、パスタなどの外国料理が多くなり、日本食は少なくなる。だからこそ、**家メシはシンプルな日本食がいい。**世界中がヘルシー食として日本食をリスペクトしている。マクロビオティック（玄米菜食含む）も日常に普及してきた。発酵食品は腸内細菌を活性化させるから免疫力を高め、放射性物質も排出してくれる。東北大学の生活習慣に関する調査で、日本食が多い人ほど認知症になりづらいこともわかった。米、味噌汁、漬物、海藻、野菜を中心とした日本食を家メシで毎日食べていれば、健康になる。長生きになる。認知症の予防になるだろう。

家メシしよう。日本食にしよう。弁当を作ろう。持ち寄り料理で語らおう。

そうして「Ｔｈｅ消費者」から抜け出そう。ＧＤＰを減らそう。

経済界と政界には怒られそうだ。でも幸福感は増すのだから。

Re:Buying Food
食べ物を「買う」から、食べ物を「作る」へ

■かつてはみんな「百姓」だった

ほんの150年前まで、ほとんどの人が自分の食べ物を自分で調達していた。作物を育て、鶏を飼い、森で採取し、魚を捕った。縄を編み、木を切り、家も建てた。皆、百姓だった。百姓とは100のことができると言う意味合いだ。しかし現金収入は少なく、貧しかった。

戦後の焼け野原から経済復興するにつれ、人々はお金／収入を求めて都会に向かった。「向都離村」。都市で大抵の人がサラリーマンになり、田舎に残った人も後々にサラリーマンになっていった。誰もが専業化し、それなりに給料をもらえたし、一生を生き抜くだけの保証になった。

時代を経て、サラリーマンにもなれないし、サラリーマンになってもお金が足りな

い世の中になった。専業1つしかできなくなった分、いつの間にか残りの99はお金を払って他者にしてもらうようになった。だからお金がなければ何もできない。お金がなければ生き延びられない。貧しくても食べ物には困らなかったかつてと違い、お金がなければ食べ物すら買えない。だから給料をもらうために、卑屈になった。貧しかったから離村したのに、世代を経て、都会はもっと貧しくなった。

今、若い世代ほど田園回帰の志向と農的な志向が強まっている。食と健康に関心が向けば、自分で食べ物を育てたいと思うのも当然だ。しかしもっと深層的なところで、いのちが脅かされるこの経済社会において、お金を出さなければ食べ物を手に入れられないという不安が、農への回帰につながっている。

■お米を作れなかった人はいない

私たちのNPO SOSA PROJECTでは、毎年30組にお米作りを伝えている。米作りは難しいと考えている人が多い。しかし、自給であれば、小さな面積の田んぼでいい。小さな田んぼでよければ、機械や農薬や化学肥料や除草剤を使わずキャッシュレスの手作業でできる。年間に20日の作業で大丈夫だ。慣れてくれば15日でも可能かもしれない。

米作りは実は簡単なんだ。今まで200組くらいの方々にお米作りをお教えしてきて、作れなかった人はいない。

■最重要の作物、大豆も簡単

お米に次いで日本食に大事な作物と言えば、大豆だろう。梅雨の頃に植えた種は秋に一部を枝豆として楽しみ、刈り残したものは冬に乾燥して大豆となる。大豆を藁《わら》に包んで二日も保温すれば納豆になる。煮大豆を潰して塩と麹《こうじ》と合わせれば一年で味噌になる。煮大豆に煎った小麦と麹をまぶして塩と水を加えて一年後に搾れば醤油ともろみになる。食用油、もやし、炒り豆、きな粉、豆乳、おから、湯葉、豆腐、がんも、厚揚げ、油揚げも大豆から作る。そのまま煮豆として食べてもいいし、五目煮などに調理しても美味しい。

実は大豆も簡単に育つ。お米が育つ田んぼの畦に、植えておけばそれでいい。たまに雑草を刈るだけでいい。よって、**お米と大豆はセットで穫れる**。一枚の小さな田んぼで、お米と大豆ができる幸せと安心。畑で作っても簡単だ。庭でも育つ。私も毎年食べきれないほどの大豆を穫っている。余るから味噌も醤油も作る。それで1年分、十分足りる。NPO SOSA PROJECTに関わって都市部から通うメンバーも、匝瑳に移住してきたメンバーも、大抵が大豆を育てて味噌を作る。醤油を作るメンバーも増えてきた。

日本の食に最重要な大豆。**育てるのも簡単なのに、自給率はたった5%前後。**アメリカ、ブラジル、カナダ、中国など、海を越えた遥か遠くから輸入している。アメリカでは遺伝子組み換え大豆が多くを占め、食用油にはそれらが使われて日本に流通している。ブラジルでは大豆畑のために森が大量に伐採されている。アマゾンの森はあと50年でなくなると言われる。安全安心のためにも、環境破壊に加担しないためにも、美味しさと新鮮さを追求するにも、自分で簡単に作ったほうが良いに決まっている。

野菜はお米や大豆より少々手間がかかる。代わりに広さはいらない。だからお米よりも大豆よりも手軽に始められる。例えばプランターでプチトマトの苗を1株植えるだけで夏に食べる一人分の量を穫れる。2株で家族分が穫れるだろう。自然界からのギフトだ。街で買うトマトは値が張る。プランターで作ればコストパフォーマンス抜群だ。

■どうせ買うなら野菜の「株」を

ちなみに同じ「株」でも株式投資の「株」より、**野菜の「株」は遥かに安いし、遥かに投資効率が良い。**野菜の「株」は仮に実が穫れなくても大損して財産を失うこともなく、夜逃げに追い込まれることもない。投資の株は破滅への道にもなりかねない。

私の父が営んでいた会社は従業員が100人近くいて、下請け業者にも信頼されるようなビジネスを展開していたが、父より先に代表を引退した父の兄が秘密裏に株投資をして大きな穴を開け、優良会社だったのにあっという間に清算せざるを得なかった。父たちは仲違いになった。昨今、マスコミや雑誌や子ども教育の世界においてまでも投資が推奨されるが、その投資がハイリスクであること、そして誰かを何処かを不幸にしている可能性に目を向けて欲しい。

例えば前述したように、商社がブラジルから大豆の輸入で儲けるために、アマゾンの森が削られて、そこに住む人や生き物が排除され、貧困やテロの温床になり、気候変動の原因になっているかもしれない。本来の応援「株」ならいいが、儲けを貪るためだけの投資「株」には私は絶対に加担しない。儲かろうが、何だろうが、何かの犠牲に加担するのはご免だからだ。

■自給ができれば「なんとかなる」

ほんの150年前まで、8〜9割の人々が百姓であり自給していた。そうやって2000年以上の世代をつないできた。米作りも大豆作りも野菜作りも難しいわけがない。誰でもできるのだ。**少しでも食べ物を自給できるという自信と経験は、人生の土台を大きく変える。**お金に翻弄されなくなるのだ。だから会社を辞めても生きてゆけるという根拠にもなる。会社を辞めなくても、不条理で理不尽な指示やコンプライアンス（法令遵守）に背くような事柄に、「ノー」や異論や代替案を言える。目標達成や業務遂行がままならなくてダメ社員になっても、別に構わないと開き直れる。会社を辞めても食べ物に困らない、田舎に移住すればなんとかなる、という自信につながるからだ。この「なんとかなる」が大きい。おおらかになれる。

■「なんとかなる」から誇りが生まれる

昔の職人は、家族が食いっぱぐれにならないよう、大抵が自給していた。だから、質の悪い仕事や理不尽な仕事や値切られる仕事にノーと言えた。**手抜き仕事はしない、腕が下がる仕事はしない、評判が下がる仕事はしない、そう言えた。**誰だって仕事も金も欲しい。しかし「それは俺の仕事ではない」と断る痩せ我慢ができた。痩せ我慢は、美学である、美意識である。それは食べ物を作っているから餓死はしないという支えがあったから保てたものだ。「なんとかなる」からだ。かつての職人たちが未来に残る持続可能な素晴らしい仕事をしてこられた理由がここにある。

■農作業で100のことができるようになる

農作業して自給するようになると、付随して様々なことができるようになる。例えば田んぼに水を入れるには水路を確保し、水の入口と出口を作る。そうした土木作業をするには、里山に入り、竹や木を切り出すことになる。するとノコギリや鉈《なた》が使えるようになる。里山では山菜やキノコも見分けがつくようになるだろう。

稲刈り時には稲を乾かすために切り出した竹や木で干す台を作る。組み立てるのに紐の結び方を覚える。脱穀が終われば藁が余る。それを編んで縄が作れるようになる。正月の注連縄《しめなわ》や門松も作れるようになる。そうこうしているうちに、日曜大工などで、ちょっとしたものや小屋くらい自分で作れるようになる。農作業がきっかけでいろんなことができるようになってゆく。まさに100のことができる百姓に近づいてゆく。

田畑や里山には生き物がたくさんいる。植物も虫も動物もどう生まれてくるのか。どう育つのか。どう死んでゆくのか。どう連鎖しているのか。どう循環しているのか。この自然界の摂理を知ることになる。**気づきの連続は、感動の連続だ。奇跡の連続だ。果てしない哲学の気づきが続いてゆく。**そして人が自然の中でどう生かされているのか、自分がどう生かされているのか、どう生きてゆけばいいのか、どう死んでゆけばいいのか、徐々に明かされてゆくことになる。

だから人は謙虚になれる。教科書やメディアで学んで知っている知識なんて薄っぺらい。五感と肉体で感じ取れてこそ、生きる知恵となる。

「生かされている」「なんとかなる」。**そう思えれば、腹を満たして人生の問題の大半が片付く。**当たり前のことだが、食べ物が自分で作れれば、死ぬまで生き延びられるのだから。最初からすべてを作ろうなんて思わなくていい。少しだけ、から始めればいい。庭で、ベランダで、プランターで。

■遺伝子操作された種を自分のために蒔くか？

少しでも自給し、自分で食べるなら、遺伝子などの生命操作された種を蒔く人はいないだろう。農薬や化学肥料や除草剤もなるべく使いたくないだろう。形が悪くても問題視しないだろう。農産物は安すぎるから。**生産効率のためにそれらが使われる。**そうしなければお金にならない。農家さんは危険を知っているから出荷する野菜を自ら食べない。消費者は危険と知らずに買っている。

だからといって農家さんだけを責められるだろうか。多くの人が百姓でなくなった分、農家さんは大量に農産物を作らねばならなくなった。**その量を作る広さを除草剤などなくして手作業ではできない。**かつて大地では米も麦も大豆も野菜も少量ずつ育てた。だから多様性で土が潤った。地域の八百屋さんが仕入れ、地域の人々が買った。価格を保つことができて、それなりに農家さんも生活ができた。しかし、時代とともに農家さんも専業化させられた。米だけ、キャベツだけ、スイカだけ、といったように広大な農地に一種類だけを作るようになった。生産効率や作業効率のために農薬や化学肥料や除草剤が必須になった。

そして土は硬くなり、微生物は住めなくなり、作物は穫れなくなった。だからさらに化学肥料を投入する、という悪循環になった。産地にかかわらず、大量生産の農家さんが日本中のマーケットで競争するようになって価格は下がった。作れば作るほど収入が減り、赤字にもなる。お米は60キロあたりの生産コストが1万6000円から1万7000円。なのに1万円以下で取引されるまで値段が下がった。職業としての農業が成り立たなくなっている。

■食べ物を作ってくれる人が日本からいなくなる?

専業農家の年収は平均で200万円くらいとも言われる。兼業農家では農業での収入が50万円から100万円とも言われる。儲かっている農家さんだっているが、赤字の農家さんも多い。農家は形態が様々なので一概に言えないが、知り合いの農家さんと話す中で、これらの数字に大きな狂いはないと感じる。これでは農家を続けられなくて当然だ。

大型マシンや農薬・化学肥料でコストや借金だけが膨らんでゆくという農家さんの嘆きを聞く。補助金での優遇を批判する人もいるが、現実を見れば、補助金がなければ、もっと以前に農業は衰退していただろう。ヨーロッパでは農業に補助金をつけるのは当然とされている。景観を守る、生物多様性を守る、里山を守る、水を蓄える、そうした様々な要素を農業が担っているからだ。いのちを支える農産物は気候などにも左右されるゆえ、工業製品のように市場に任せたらいけないのだ。

先にも書いたように、農業就業人口は、1990年は約480万人だった。2008年に300万人を切った。2015年に200万近くになった。今、約192万人。前年比で8・3％も農家さんが減った。農家さんの平均年齢は70歳近い。**食べ物を作ってくれる人がどんどんいなくなるのは明白なのだ。**あと何年、農家という職業が日本で持続できるか、もう秒読みなのだ。近所の八百屋さんは近所で穫れた野菜はもはや売っていない。八百屋さん自体も減っている。

美味しくて新鮮で安心の食べ物は自分で作るしかない時代が来ている。もしくは安心できる農家さんと直接取引できる関係を作る必要もあるだろう。

少しでも自給しよう。そして「The消費者」から抜け出そう。

GDPを減らそう。経済界と政界には怒られそうだ。でも幸福感は増すのだから。

Re:Place 田舎へ散る、人々の流れ

■向都離村から、向村離都へ

向都離村が何十年も続き、都会に人が集中するようになった。都会は便利だ。すぐにどこでも行けるし、誰にでも会えるし、何でも手に入る。しかしかつてと違い都会は暮らしにくくもなった。田舎同様、都会でも収入確保が難しくなったからだ。仮に仕事があってもいつ奪われるかわからない。お金がなければ食べ物すら手に入れられない。不安増大社会。だから半農半Xや家庭菜園や市民農園が注目を集めるようになっている。

都会は土が限られていて狭い。土だけでない。食べ物を自然界から直接調達できる森も川も海もない。一方、地方も都会化してコンクリートずくめになった。不便さが減った。交通網も発達した。地方でもどこでも行けるし、誰にでも会えるし、何でも

手に入るようになった。都会の狭い中にぎゅうぎゅうで暮らす必要性は薄らいだ。

内閣府の調査（2014年）で、農山漁村に移住したい都市住民は31・6%で10年前の1・5倍になった。しかも20代が一番多くて約39%。次いで40代が35%。30代、50代、60代が33%前後で、70代になると約22%に下がる。一方、農山漁村に住む人で、都市部に移住したいと答えた人は20%だけ。

概《おお》ね、若い世代ほど田舎に移住したいと考えていて、向都離村より向村離都の願望の方が増えているのは明白だ。今、日本中の田舎で移住斡旋が盛んになっている。この流れは一時の流行ではない。経済システムの矛盾や崩壊に気づき始めている若い世代ほど、少しずつ行動を始めている。人々が田舎に散ってゆく現象が幕を開けている。土を求めて人の流れが生まれてきている。お金だけが指標の街から、お金以外にも指標がある地方へ、田舎へ、農山漁村へ。土がいのちの安心と喜びを呼び戻してくれると、本能で気づき始めているのだ。

田舎には大地があることが大きい。都会の狭い家のベランダでのプランター栽培に飽き足らなくなった人たちは自ずと大地を求め始める。大地があればより健全に満足ゆくだけ食べ物を育てられる。土に触れたい人々がもっと広い農地を求めて田舎に移住したいと考えるのは必然の流れだ。

■田んぼも畑も小さくていい

日本人のお米の年間消費量は1人あたり約54kg弱。しかし外食産業の分も含まれているので正確ではない。1人暮らしの女性だと30kgでも余る場合がある。**仮に1人50kg食べるとしても、100〜150㎡の田んぼで食べる分を自給できるだろう。**

野菜作りの畑は米作りの田んぼほど広くなくていい。1人あたり100㎡でも十分だ。小さな島に住むある人は、1坪の畑をうまく回せば野菜をほぼ自給できると言っていた。1坪なら都会でも確保できるかもしれない。が、それができる達人になるまでには時間がかかるだろう。

いずれにせよ、田んぼと畑を足して200㎡もあれば、ほぼ自給できる感覚だ。日本の遊休農地（使われないままで放置されている農地）は最低でも埼玉県の広さに匹敵すると言われる。農家さんが少なくなるにつれ、ますます耕作放棄地が広がるのは間違いない。その折、残った農家さんが他の農家さんが手放す農地を引き受けて拡大化できるだろうか。日本の農地は山や谷や勾配があり、それぞれが点々としていて狭い。拡大化しようにも無理がある。

それより、自給したい人が小さな農地を借り受けたり譲り受けて、田畑を維持するほうがベター。農地を持って自給したい人が、ますます増えてゆくだろうから。

■いざとなったらカネはただの紙切れ

私がお米を自給している千葉県匝瑳市には、今年になって８組が移住してきた。近藤さん一家はそのうちの一組。半農半「ピアニスト」の夫・剛志さんは匝瑳に移住した理由をこう話す。

「いつか災害や経済の崩壊は必ず来るわけで、３・11の時は金《かね》があっても水さえ買えなかった。**金なんていざという時は紙切れでしかない。**腹を満たすには金でなく、自分で食べ物を作れる力。息子に親として、作れる力を身を以て伝えることこそ、これからは大事になる。金は必要だし、ないと困るけど、それより米や野菜を自分で作れるようになりたかった」

近藤さんは引っ越してすぐから、まだお米も野菜も収穫できる季節に至ってないのに、家庭自給率が上がった。ゴミを出しに行くと、帰りには野菜で両手いっぱいになる。集落のご近所さんが、穫れすぎて余る野菜を分けてくれたからだ。食べきれない、と言って近藤さんは他の移住者にも貰った野菜を分けてくれる。

■ギフトエコノミーという「経済」

田舎には「分かち合う」というギフトエコノミー（贈与経済）がある。採れすぎて余るものは、保存食にするか、人にあげるか、捨てるしかない。だから自家消費する以外の食べ物が、お金を介さずに人から人へと流通するのだ。お金以外の手段で交換や贈与が巡っている、それが田舎の生命維持システムでもある。

田舎で畑仕事を始めたばかりの方からこう聞いたことがある。「畑で野菜を〝作る〟でなく、畑で野菜を〝貰う〟」。不慣れに畑作業していると、近所の方が近寄ってきてアドヴァイスをくれる。ついでに「あんたのそのやり方じゃ心許ないから、これ、食べなさい」って野菜を貰えるそうだ。**田舎では食べ物に事欠かない。餓死したくてもできない。**

■安心して子どもが産める田舎

田舎に移住した夫婦は、大抵が子どもを授かる。都会にいた時は産まなかったのに。2人、3人、4人と授かるのもザラでない。都会ではお金だけが指標だから、お金に不安がある以上、子どもを増やせない。しかし、田舎では収入が少なくなるのに子どもを産む。要は、**安心できる材料がお金以外に増えたからだ。**安心材料はズバリ、食べ物とつながり。食べ物があれば子どもは育つ。つながりがあれば地域全体で育ててもらえる。ギフトエコノミーがある田舎では、仮にお金に不安があろうとも、安心を恒久的に得られるから、子どもを授かれる条件が豊かなのだ。

都市集中をやめて、田舎に散ろう。大地のあるところへ。都市的消費は自ずと少なくなる。

そうやって「Ｔｈｅ消費者」から抜け出そう。ＧＤＰを減らそう。経済界と政界には怒られそうだ。でも幸福感は増すのだから。

Re:Space
クリエイトするにはスペースが必要である

■スペースの価値を捉え直そう

都会には空間がない。人口密度が高く、1人1人の空間が少ない。仕事に行く際の満員電車は尋常でない。揉みくちゃになりながらも正気を保つべく、わずかな空間で読書やスマートフォンを扱って他人と自分の気配を消す。土地がないから都会の地価は吊り上がる。人が暮らしたり仕事するスペースを確保すべく、ビルやマンションを空高く高層に伸ばす。狭いスペースでも用がすむように、省略化や効率化や利便性が進んだ一面もあるだろう。今では、ノートパソコン1台、もしくはスマートフォン1台で、情報関連のものはすべてこなせ、より狭い空間で充実した暮らしができるようになった。ミニマリストとして暮らしをシンプル化して、小さな空間で都会に暮らすのも悪くない。

一方、**よりクリエイティブに暮らすには、どうしても広い空間が必要になる。**梅干しを作るには、晴れた日に梅と赤紫蘇を干すスペースが必要だ。魚を干したり野菜を干したり芋を吊るすにもスペースがいる。大豆を鞘《さや》から外すにも、脱穀したお米を天日干しにするにも、スペースがいる。味噌や醤油を仕込んでいる1年間、それを静かに置いておくスペースも必要だ。

食べ物だけでない。日曜大工など、何かを作ろうとした時、材料と道具を置く場所と作業スペースが必要になる。大きな音も伴うことがある。トンカチの音やノコギリの音。電動工具はかなりの大音量になる。匂いや煙や熱を伴うことだってある。木材の耐久性や防腐性を高めるために火で炙《あぶ》る。廃材を処理する場合にも火で燃やせば、白い煙、黒い煙、異様な色の煙も出る。危険な化学物質が異臭と共に出るかもしれない。ペンキを塗っても匂いが広がる。漆喰《しっくい》を作ろうとすれば、生石灰と水を混ぜる際に危険なほどの高熱が伴う。それらの作業は仮に広くても屋内ではできない。天井のない、青空の下の大地と、近隣に迷惑をかけない程度の水平の空間が必要になる。

■電気を作るにもスペースが必要

3・11を経て、電気への関心が高まった。原子力発電がいかに危険でリスクが大きく、潜在的コストが高く付くか、気づいてしまったのである。何より、人の健康やいのちや地域コミュニティーや地域そのものを奪いかねないこと、すでに奪ってしまったことに、目を塞げない人たちは、犠牲のより少ない自然エネルギーへの関心を高めた。

　原子力発電だけではない。遠くから運んでくる石炭／石油／天然ガスで作る電気の問題にも気づいている。資源の浪費だし、気候変動を進めてしまうし、利権を奪い合う戦乱に加担してしまうし、輸入が途切れたら暮らしも産業も成り立たなくなる。結果、既存の電力会社にはお金を払いたくないという気持ちが芽生えるのは当然だ。

　私も、電力自由化が実現された今年、隠蔽ばかりで信頼できない東京電力を解約し、自然エネルギーを主な発電源とする新興の電力会社に切り替えた。日本にある資源に目を向けるなら、水力、波力、地熱、風力、太陽などの地域の特徴に根ざした自然エネルギーに注目するのは当然だ。さらに先進的な人たちは、自分で電気を作り始めた。太陽光パネルで家の電気をある程度から全量まで賄うことが可能なのだ。**究極はオフグリッド**。全量を自家発電し、家を電線から切り離す、つながない。私自身も太陽光パネルを2枚ほど使っている。NPO SOSA PROJECTでもＩＴ担当の雫英樹さんが太陽光パネルで小さな電気を発電するワークショップを要望に応じて開催している。パネル1枚で携帯とパソコンの充電くらいはなんとかなる。ＬＥＤ照明を灯すこともできる。災害で停電になることを想定すると、これだけでも安心だ。

私自身、いずれはもっと自家発電を増やしたい。すると場所と空間が必要になる。オフグリッドにするにはなおさらだ。電気を自給するにも、狭いと立ち向かえない。

■田舎に散って、スペースを確保する

さて、よっぽどの地主さんやお金持ちでなければ、都会に充分な空間を持つことは難しい。やはり、何かクリエイティブなことを目指したいなら、田舎に散るしかないだろう。田舎なら隣の家が視野に入らないくらいの距離感の家はいくらでもある。好きな時にバーベキューができる。自作のロケットストーブで屋外料理を作ることもできる。段ボールなどを細工してスモーク料理も作れるだろう。ゴミや廃材は燃やせばいい。燃えた後の炭や灰も様々に使える。特に炭は土や水や空気の浄化と循環にも用途が広がる。生ゴミはコンポストで畑の肥料にすればいい。

■人目を気にせずいられる「自由」

巷ではよく「3R」が言われる。リデュース（Reduce）、リユース（Reuse）、リサイクル（Recycle）。リデュースとは、減らすこと。リユースとは、繰り返し使うこと。リサイクルは再資源化すること。**スペースがあれば「3R」は限りなく可能になる。**すべてのものを大切に無駄なく使い、循環に戻すことが容易になるのだ。

ある時、こたつの天板のセンスが悪いので変えたいと思った。しかし、市販でセンスのある天板が、しかも単品で見つかるわけもない。思い立って、納戸に余っている木材を寄せ集め、頭の中で設計図を描き、計って切って色を塗って組み立てて、2時間で作った。費用はゼロ。天板を2段にして、その間に新聞や本を横にして入れられるようにした。人が来た時、読みかけの雑誌やノートパソコンや筆記用具などをそこにすぐしまうことができて、部屋がシンプルで綺麗になる。そんなことができたのも、外にスペースがあったからだ。都会の小さな家の中ではノコギリを引く場所さえ見つからないだろう。

田舎でスペースのある場所に住むことで気づくことがある。**人目などを気にせずいられることはどれだけ気楽なことか**。都会では隣の家が接近している。アパートやマンションではいくら防音してあっても、原理としては上も下も横も天井1枚、床1枚、壁1枚でしか遮られていない。都会では常に人目に晒されているし、振動や音量も控えねばならない。それは気づかないうちにストレスになっている。田舎の家に住むことで初めて気づくかもしれない。

都会にはないが、田舎にはある、空間＝スペース。スペースがあれば、いろいろ自分で作れる。防音装置も振動対策もいらない。人目を遮るカーテンも、高い壁もいらない。そこでなんでも自分でクリエイトできる。

Re:House
地方の家は、驚くほど低コスト

■家賃が年間５０００円というケースも

空き家が良かれ悪かれ注目され始めた。やっとである。国土交通省も、空き家活用を言い出し、低所得者や貧困層への対策に乗り出し始めつつある。都会も地方も関係なく、空き家の増加率と貧困の増加率が右肩上がりなのだ。

当店に来店したり、NPO SOSA PROJECTに参加したり、私の前著『減速して自由に生きる──ダウンシフターズ』の読者が、次々と田舎に移住していった。空き家を借りて暮らす人が多い。１ヶ月で1万円〜3万円が相場だろう。**中には家賃はタダとか、年に５０００円などという破格のケースもある。**ただし、不動産屋さんを通したら、こんなに安くなることはない。**人とのつながりと紹介による信用によって、借りられるのだ。**行政が斡旋してくれる地域も増えてきた。関係を作るには、気に入った地域に狙いをつけ、通い、キーマンに出会い、お願いする、というパターンだろう。

空き家と言っても、すぐに住める案件は少ないかもしれない。水まわりが壊れている、雨漏りがある、仏壇が残ったまま、私物が山ほど残っているなど、難題は多い。それらをこちらがクリアしてゆくからこそ安く借りられるのだ。

■大工はやりながら覚える

大抵の人たちはセルフリフォームする。大工道具を揃え、朽ちた部分を壊し、修復してゆく。重要な部分を先に直して、あとはゆっくり何年かかけて作業を進める人が多い。皆、大工作業を身につけてから始めるわけではない。**やりながら大工作業を学んでゆくのだ。**やりながら自分の技量でできる方法に頭の中の設計図を書き換えてゆくのだ。材料にこだわって、国内産の天然木を使う人も多い。低コストにしたい人は、地域で余ったり捨てられたりしている材料を探して、交渉して、タダか安価で調達する。どちらにしてもそうした家はとってもお洒落なことが多い。センスがあるからだ。もしくはセンスが身に付いてゆくからだ。
NPO SOSA PROJECTにおいても、都会から訪ねてくる人たちに移住者の家を案内して数軒を巡ると、皆が感動し、憧れるようになる。3万円以下で借りられる一軒家には庭も畑も果樹も裏山も井戸もあったりする。都会で3万円では、ワンルームの物件ですら稀だ。あったとしてもキッチンも風呂もなく、トイレは共同で、部屋の広さは4畳半くらいだろう。1人暮らしだとしても風呂とトイレと小さなキッチンがある部屋では5万〜6万円はする。2人で暮らすには厳しい狭さだ。田舎で空き家に暮らして、その半額以下で一軒家に住めるとしたら、どれだけ生活コストが下がることか。**コストが下がった分だけ、働く時間も稼ぐ金額も減らせるのだ。**自給できればさらに食費も下がり、ますます貨幣労働から解放されることになる。これからますます空き家が増えてゆく。国も動き出した。**家を低コストで選ぶ選択肢が広がってゆく。**

■なんでも自分で作ってしまう達人たち

都会において、家を自ら作ってしまった人に会ったことがない。私自身、Organic Barの内装外装はすべて自分で作ったが、たかだか6坪の空間と3メートルの間口だけだ。土台を敷き、柱を立て、梁《はり》を通し、屋根を張り、壁を作るなど、遥か及ばない。家を作るには時間もいるが、スペースも必要だから、都会でセルフビルドは難しいのだ。**しかし、田舎に行くと、家を作ってしまう人はまれでもない。**私はたくさんの旅をする中で、そういう人に何人も会ったし、今でも出会う。

熊本の山奥に丸太の家を2つ作った正木高志さん。多数の著作を持ち、特に『木を植えましょう』（南方新社）は名著。私に大きな影響を与えてくださった方だ。若い頃、インドを旅している時、パートナーを迎え、お子さんを授かり、就職しなければと考え悩んだ時、ふと気づいたという。

「突然、僕は、大昔の人は就職していなかったということに気づいた。うれしくなって、ぴょんぴょんと小躍りしながら叫んだ。自給自足すればいい！　就職しないでも生きていける！」（『出アメリカ記』雲母書房）。小学校に通わなくなったお嬢さんと一緒に、数キロ先の沢から水を引く作業もしたという。正木さんの拓いたアンナプルナ農園も、丸太の家も、すべてがパーフェクトといっていいほど、美しい。

正木さんは有機のお茶を育てて販売し、就職しないで生きてきた。だから、誰に構うことなく、世の中に素晴らしい活動や情報を発信し続けている。鋭い視点を持って行動する正木さんだが、その立ち姿や人との接し方は、とてもおおらかで包容力があり、グラウンディングしている感じだ。

■モノの寿命をなくしてしまう人

NPO SOSA PROJECTの活動でお世話になっている農家の香取文雄さんも家をセルフビルドした。若い頃の旅先で出会ったパートナーと結婚するにあたり、義父からの条件は自分の家を持て、とのことだった。その意図は、家をローンで買えるくらい、収入のある企業に就職しなさい、ということだったと思うのだが、香取さんはなんと、山から木を切り出して数年かけてセルフビルドした。30年以上経っているが、いまだ未完成と言って笑う。

香取さんは何でも自分で作ってしまうし、直してしまう。ご家族曰く**「我が家に来るモノや機械は寿命というものがなくなる！」**。40年くらい前のバイクも現役だし、中古の車をすべてリニューアルしてしまう。NPO SOSA PROJECTで使う機械類も壊れるごとに直してくださる。匝瑳への移住者たちが譲り受けたトラクターなどもすべて直してくれる。機械類だけではない。伝統的で実用的なものを作る技術も身につけている。注連縄から竹細工からハエ叩きまで自作し、その方法を惜しげなく私たちに伝授してくれる。

余談だが、自然素材のそれらを使った時に初めて気づくことがある。**工業化でプラスチックなどを素材にして作った代用品では、本来の自然素材のものには機能性において絶対にかなわない。**私たちは便利になったと思いきや、不便になっているのかもしれない。しかも「不便品」をマシンで作らせて、本来は「高機能品」を作っていた人の技術と職業を奪ってしまってきたのだ。もしあなたが農作業をするようになったら、箕《み》という、穀類を煽って振るったり選り分けたりする道具を使うようになるだろう。

大きなチリトリみたいなものだ。プラスチック製のものは1000円もしないで買える。それを使った後、竹製の本来の箕を使ってみてほしい。全く別物であるし、プラスチックのそれがどれだけ機能性を失っているかがわかって愕然とするのだ。機能性だけではない。自然素材のそれは、飾っても美しく見惚れるほどなのだ。

香取さんはいつも淡々としていて、肩の力が抜けていて、時間に追われている様子を見たことがない。正木さんもそうだが、**なんでもできる、ということは、おおらかさにつながるのだろう。**香取さんファミリーが作る野菜は、癖がなく、本当に美味しい。

息子の望くんも大学を出て音楽をやりながら東京で暮らしていた。その頃、私の店にも来てくれるようになった。次第に親父の偉大さに気づき、3年前だったろうか、匝瑳に戻り、帰農した。素敵なパートナーと結婚し、鶏も飼い、木工具を自作し、綿も育て服も作りたいという。香取さんはお金への執着もあまりなさそうだ。野菜を購入しに行っても、驚くほど安く頂けて申し訳ないほどだ。

正木さんも香取さんも他の農家さんと同じように、都会人より収入は少ないかもしれない。**しかし、消費に消えるお金は少なく、必要なことに使えるお金と時間は豊富にある。**そして、様々なことが自らできる百姓なのである。こういう生き方をしていれば、不滅なのだと、いつも学ばされている。そして、会うたびに、謙虚におおらかに生きたいと思わせてくれるのだ。

■小さな家を自分で作ってみる

正木さんや香取さんのようなツワモノを目指すのは、相当な努力が必要だ。家をすべて作るのはかなりのエネルギーと根気と時間を要する。**しかし、昨今小さな家を作ることが話題になってきた。**タイニーハウス、スモールハウス、アースバッグハウス、ヤドカリハウス、トレーラーハウス、モバイルハウス、ツリーハウスなど、何かと話題になっている。未完成ながらもNPO SOSA PROJECTでもアースバッグハウスを作った。土嚢《どのう》を積み上げて漆喰《しっくい》を塗り可愛らしく仕上げる。

今は北海道の旭川でアースバッグハウスのヴィレッジを作っている吉田鉄平さんが中心になって、延べ100人以上が全国から集まってきてくれて、アースバッグハウスを作り上げた。NPO SOSA PROJECTに一時期籍を置いていた元自衛隊勤務の形川健一さんは、軽トラの荷台に洒落た家をセルフビルドして乗せて、全国を旅し、気に入った場所で短期間暮らす。匝瑳に移住してきて間もない青山完さんは、NPO SOSA PROJECT代表の松原万里子さんの家の裏庭にツリーハウスを作っている。

生活や家族構成に見合った小さくてシンプルな家を自分で作る。インターネットで調べれば、いろんな実践者が工法やワークショップを展開している。家だけでない。

トイレやお風呂などの水まわり、カマドやピザ釜やアースオーブンなどのキッチンを自分たちで作ることも広がっている。土地と作業するスペースと大工道具さえあれば、誰でも意外と簡単に作れる。必要なのは、チャップリンが言うように「勇気と想像力とわずかなお金」だけかもしれない。

未だに東京の湾岸地域はマンションの建設ラッシュと聞く。マンションでは3000万円、一戸建てでは5000万円はなかなか下らない。即金で払える人なんていない。大抵が35年ローンではあるまいか。仕事が安定しない時代に、ローンを組める人も少ないだろうが、組めたとしても一生ががんじがらめになる。Re Life, Re Workを妨げる理由になりかねない。**人生をやり直せない条件を自らに課してしまう。**

空き家を自らリフォームしたり、小さい家をセルフビルドしたり。それには都会より田舎がいい。フリーターや非正規やナリワイなどの低収入でも、一軒家に住めるのだ。そこに至るまでシェアハウスで暮らすのもいいだろう。かつて家とは一生の買い物と言われた。最大の消費行為だ。しかし、遥か昔は地域共同体みんなで協力して家を作っていた。今はそれは難しいが、地域を超えたレイヤーで新しいコミュニティーや同志と出会える時代になっている。ネットで拡散した情報に、想いを同じにする人たちがつながり、面白い活動にたくさんの参加者が集う時代だ。NPO SOSA PROJECTのツリーハウス作りにはちょっとの宣伝で15人が集まったし、アースバッグハウスを作る際には全国から１００人以上が集まった。私自身も先月、山梨の小淵沢で開催された小屋作りワークショップに参加しに行ってびっくりした。各方面から50人以上も参加者が集まっていた。新しい時代の家の作り方である。

家のために数千万円とローンの利息を支払うのは選択の１つに過ぎなくなった。田舎に行けば大きな家は安く借りられるし、小さい家ならセルフビルドできる。住宅関連事業の売上が下がり、マンションや一戸建て販売数が減るかもしれない。

ＧＤＰが減り、経済界と政界には怒られそうだ。家という高額商品が売れないのだから。でもいい。「Ｔｈｅ消費者」から抜け出そう。幸福感は増すのだから。

Re:GDP GDPが下がっても、幸せならいい

■生き方の選択肢は増えていい

Re Lifeについて述べてきた。暮らしを考え直す。モノを減らし、自らの手料理を楽しみ、自ら農産物を育て、自ら必要なものを作り、電気を作り、一軒家を自分の思い通りのデザインに自ら手がけ、のびのびと暮らす。

すべてをできなくてもいい、どれかだけでもいい。少しずつでもいい。いずれにせよ、都市型全量消費スタイルの暮らしと比べたら、大幅に生活コストが減る。**一人暮らしなら10万円、夫婦で15万円、子どもが数人いても20万円の低収入でなんとかなる。**場合によってはヘソクリもできる。もう少しあれば、毎月ごとに預貯金もできるだろう。この額は、Re Lifeを実践した私の知人たちに聞いてまわって得た実数字だ。Re Lifeをテーマにした書籍も巷に出てきている。例えば『農的な生活がおもしろい――

年収200万円で豊かに暮らす！』（牧野篤・著、さくら舎）、『年収150万円で僕らは自由に生きていく』（イケダハヤト・著、星海社新書）、『年収90万円でハッピーライフ』（大原扁理・著、ちくま文庫）など。

低収入でも自由に安心して幸せに生きることができる。暮らしを変えた人々をたくさん見てきて実感していることだ。都会に来て何かに気づき、田舎にUターンやIターンする人はたくさんいても、**田舎に行って暮らしてみて、やっぱり都会に戻る人は稀である。これが事実だ。**Re Lifeを覚えてしまったら、都会ですべてを消費させられ続ける暮らしなんてできなくなる。消費生活は生きることに無駄が多すぎると気づいてしまったのだ。

Re Lifeの中で、いくらあれば家計が成り立つのか、計算するとよい。それを私は**「ライフスタイル基準金額」**と名付けている。人によっては「ミニマムライフコスト」とも言う。言葉はどっちでもいい。いくらあれば家計が成り立つのか。これを頭に入れれば、その後のRe Workを考えやすくなる。次章で述べたいと思う。

さて、皆がこうした暮らしを選ぶようにはならない。なる必要もない。モノが大好きで溜め込むのが好きならそれもいい。外食が生き甲斐ならそれもいい。食べ物は買えばいいと思う人がいて当然だ。土や虫が嫌いだから農作業なんて向かない人もいるだろう。都会好きがいたっていい。しかし、Re Lifeできる人がある程度増えて、見える化してきたら、暮らし方、生き方の選択肢が増える。一定数がRe Lifeしたなら、GDPの6割を占める個人消費が減るかもしれない。経済界と政界は怒るだろう。しかしGDPを上げようとすればするほど、競争がさらに激しくなり、それなのにGDPはさして上がらず、格差が広がり、貧困層の数が圧倒的に増える、という現実が待っている。GDPなど上がらずとも、社会は成り立つし、むしろ、経済成長至上主義と違う選択肢を有するほうが、人々の健康で文化的な暮らしが実現可能なのだ。価値観を変えるためにも、私はGDPを下げたいのである。**GDPを下げたのに、幸せな人が増えることを示したいのである。**示さなければ、GDPを上げることが幸せにつながると勘違いさせられ続けて、ますます暮らしにくくなり、いのちの尊厳を脅かされながら、人類はゆっくり滅んでゆくベクトルに向かうのである。

Re Lifeで安心と幸せの暮らしへ。それとも、既存の暮らし方で破滅の道か。二者択一のようで、そうではない。ベクトルをどっちに向けるか。落とし所をどこにするのか。皆さんそれぞれが選べばいいし、決めればいいのだ。

第5章

Re:
Work

働くことの本当の意味
仕事を捉え直そう

Re:Life Cost
生活費から考え直す

■量の成長から、質の成長へ

人は収入を得るために仕事をする。より多く収入を得たいと考える。勤める会社の成長拡大を望み、経済成長を望む。しかし、それが全体で実現できる時代は終わった。会社は成長どころか維持も難しく、余儀ない縮小や、買収される、倒産に至るというケースが増えてゆく。経済成長はゼロを維持がせいぜいで、人口減少とともにマイナスへと向かってゆく。私たちの収入拡大の機会はますます小さくなってゆく。収入拡大を求めるほど、過酷な競争をサバイバルせねばならず、高ストレスになる。

量の成長はもう望めない。量の成長は「増殖」という言葉こそ的を射ている。もう増殖はできないし、する必要もない。増殖願望にはキリがない。どれだけ得ても、どこまで到達しても、「もっと多く、もっと大きく」を望み、「もうこれで充分」とはならない。

そろそろ質の成長に移行しよう。成熟した生き方になろう。成熟社会へ歩み出そう。それには質のある仕事に戻ることだ。誰かに勝つ、他社に勝つ、という仕事でなく、誰かに喜んでもらう、世の中に役立ち貢献する、という仕事だ。勝とうとしないから、小さなマーケットや顧客にいい仕事ができ、口コミだけでも小さいなりの安定した収入になる。大きくなろうとしないから、質の高い仕事ができる。独り占めしようと思わないから、他の生業と共存したり、協力したり、コラボできる。

さぁ、Re Work に踏み出そう。

■ひと月にいくらで満足できる？

Re Work の前に、少なくとも同時並行して、前章で述べた Re Life が必要だ。なぜかといえば、Re Life の生活必要費が把握できるからこそ、Re Work でいくら稼げばいいのかわかるからだ。生活にいくらかかるのかを可視化すれば、いくらをどう稼ぐかも可視化しやすい。なので、もう少し Re Life の具体行動を示したい。
ひと月で、暮らしにいくら必要なのかを計算する。前時代的な価値観の「もっと」「より多く」「より大きく」の概念は捨てて欲しい。キリがない。Re Life でいくら必要なのか。親への仕送りや預貯金も少々加えたっていい。その合計額をライフスタイル基準金額（＝ミニマムライフコスト）とする。

ライフスタイル基準金額は小さいほどいい。とはいえ、あまり細かく計算して節約モードになると、常に頭の中で「¥」が散らついてどん詰まりになるので、計算に際しては、万単位か、せいぜい5000円単位のザックリ感がいい。何をどう減らすのか。たくさん減らしたとしても、生きる満足度を増やすために「健康」「質の豊かさ」「世の中への貢献」を高めることは忘れない。その基準を大切にしないと、単なる節約でセコくて自己中に見られるし、安くて質の悪いものばかりの生活では有意義なRe Lifeとならない。

Re Lifeのライフスタイル基準金額の設計に向けて、より具体的に「減らす」ことを記そう。

1）心の歪みを削る

・見栄や世間体のために使っているお金は削る↓他人の目は気にせず世間並みで充分

・ストレス解消の買い物を削る↓買い物自体でのストレス解消をやめる

・流行ファッションの追求をやめる↓ベーシックで自分らしい服を数種類で充分

2）　機能が重複するものを集約する

・固定電話／ファックス／モバイル通信／ルーター／プロバイダー／音響（ステレオやプレーヤーなど）／録音機／カメラ／映像／テレビ／時計／腕時計／新聞…↓モバイル通信機、スマートフォン、ノートPCに集約できる

3）　自宅になくても外で可能になるものを減らす

・プリンター／スキャナー↓コンビニで可能
・自動車やバイク↓レンタカーやカーシェアやレンタルバイク

4）　健康に配慮すればいらないもの

・電子レンジ↓電磁波の危険性や食べ物の分子構造破壊　蒸せばいい
・炊飯器↓電磁波の危険性　鍋で炊ける
・掃除機↓箒《ほうき》で掃き雑巾で拭くほうが綺麗　特に雑巾がけは健康寄与効果
・運動機器↓購入直後だけしか使わない　使わずとも運動方法は山ほどある
・ウォシュレット便座↓塩素の多い水を性器や肛門に当てる危険性

5）電気の無駄

・電気ポット↓電磁波の危険性と電気の無駄　お湯はヤカンや鍋で沸かせばいい

・リモコン型やタッチセンサー型の家電製品↓待機電流が常に流れていて無駄↓スイッチコンセントを使えば解消できる

・蛍光灯や電球↓電気の無駄　LEDに変更で長期的に低コスト（ただしLEDにも害あり）

・温熱便座↓電気の無駄　布カバーをつければ冷たくない

6）消耗品

・用紙やノート↓森林伐採　郵便物や書類やチラシなどの紙裏を使用

・封筒↓森林伐採　郵便物で届いた綺麗なものに切り貼りしてオシャレに再利用

・ティッシュペーパー↓リサイクルのトイレットペーパーで代用

7）空間性確保

・家具や棚↓モノを減らせば必要ない　収納があるから無駄な買い物をしてしまう

・ベッド↓ソファーと兼ねるものでもいいし、そもそも布団だけでいい

・傘立て↓１人につき長傘と折りたたみ傘の１本ずつで充分ならば必要ない
・靴箱↓１人につき靴は２〜４足で充分なら必要ない

８）洗剤類
・お風呂、トイレ、キッチン、床拭き、窓拭き、などの洗剤↓重曹やお酢や微生物系などで可能

９）美容と健康のためのもの
・歯磨き粉↓成分の危険性　塩で充分
・石鹸↓成分の危険性　常在菌を剝がし不健康　自作してもいい　石鹸なしでタオルで軽く肌をこするだけでいい
・化粧品↓成分の危険性　酷い動物実験　皮膚細胞の劣化　自然素材で自作できる

10）薬
・すべての薬↓自然療法で充分代替可能　ビワの葉　柿の葉　ドクダミ草　ヨモギ　ユキノシタ　セイタカアワダチソウ　オオバコ　ハコベ　アロエ　蜂蜜　豆

腐　里芋　こんにゃく　ショウガ　大根　梅干　レンコン　ニンニク　番茶など
・虫除けスプレーと痒み止め→レモングラス　ハッカ　スイカの皮　ビワの葉
ドクダミ草　ヨモギ、へびいちご　ユキノシタ

詳細は『家庭でできる自然療法』（東城百合子・著　あなたと健康社）を。家に薬箱を常備するより、この1冊だけあれば安心。怪我や病気のたびに、医者任せ、薬任せから少しずつ脱し、自然治癒力、自己治癒力を高め、知恵を深めてゆけるだろう。

11）保険

・生命保険→こくみん共済や都道府県民共済は支払いも早いし毎年ごとに割戻金がある
・損害保険→所有物の損害に関しては、そもそもモノが少なければ入らなくていい　他者に怪我や損害を与える場合に備え、車がある人は自動車保険に特約でつける方法がある
※　運用貯蓄型の積立保険は、戦争や環境破壊や人権侵害につながる運用をされてしまう可能性が大きい

その他）　水道光熱費

家庭で電気消費量が大きい順に、冷蔵庫　照明　テレビ　エアコン。冷蔵庫は、適量なサイズの省エネタイプに替えたり、ネットで検索すれば収納の工夫などで省エネになる方法がたくさんある。照明はすべてを点灯させる必要はないので、例えば廊下に2つあったら、1つに絞ればいい。それらを徐々にLEDに替えれば長期的にはコストが随分減る。テレビは情報が薄いし、内容が薄いし、広告垂れ流しで消費を煽られるし、ダラダラ見てしまう時間泥棒だし、電気消費量も考えるといらないだろう。エアコンも省エネできる使用方法がネットで検索すれば色々ある。必要ない家電製品を減らし、熱を作り出すための電気製品（電子レンジ、電気ポット、電気ストーブ、暖房、炊飯器、温熱便座など）は違う方法を利用すればよい。

電気を熱に変えることが、一番電気消費が大きく、非効率だ。例えば、電子レンジは蒸すことで代用、電気ポットはコンロで沸かして厚手の布をポットに巻いて保温すればいいし、電気ストーブはガスストーブやペレットストーブや薪ストーブに替えたり、暖房効率を高めるために家や部屋の断熱性や気密性を高めたり、炊飯器は鍋で炊けばいいし、便座は布カバーすればいい。リモコンで動くものや、触れただけで点灯するタッチセンサーの家電などは、使っていない時にも常に待機電力を消費しているので、スイッチ付きコンセントで使用ごとにスイッチを入切すればいい。そんな工夫をしていれば、オフグリッド（電力会社から電気を買わないで、すべて自家発電すること）に近づけやすい。電気消費量が小さいだけ発電する量も小さくていいのだから、電気の総自給に近づけられる。60㎝×30㎝程度の太陽光パネルが1枚あるだけで、携帯とパソコンの充電とLED照明を灯すことができ、停電や災害があっても安心材料になる。

水道費は、お風呂の水を洗濯機や散水（庭や畑への水やりや打ち水）に使うなどすれば、総使用量を20％以上減らせる。一軒家なら雨どいに集まる雨水を貯める工夫をするのも良い。降り出して30分もした後の雨水は大気の汚れをほとんど吸着していないので（ただし地域にもよる）、いざという時は飲み水にもできる。工夫次第で雨水利用は有効だ。井戸があれば水道局からオフグリッドできる（飲料に適しているかは調査したほうがよい）。ちなみに太陽熱温水器があれば、お風呂やシャワーも含め、ガス代もコスト削減できる。

■常識を一歩一歩抜けていく楽しさ

具体的に様々記した。とはいえ、すべてを実行する必要はない。私も、すべてを実践しているわけではない。たまには不健康な食べ物や必要ない服なども買ってしまうし、新聞を取っているし、炊飯器も冷蔵庫も使っているし、ベッドもあるし、電気の自給はまだわずかでオフグリッドまで遥か遠いし、太陽熱温水器もないし、雨水利用もできていない。**大切なのは、世間一般の常識と思わされている生活方法を手放しても、生活の質を保つ、もしくは高める選択肢を知っていること、そして、その方向へ進もうとするベクトルだ。**

間違っても、**自分や家族のこだわりや趣味嗜好まで減らすことはない。**カメラが趣味や職業の人が、機能の高いカメラを手放してスマートフォンのカメラに集約するなど、もってのほか。こだわりや趣味嗜好はむしろ大切にしたほうがいいに決まっていて、それこそがRe Workへの新たな可能性にだってなることもある。冷蔵庫を減らすと言って、家族が代替の手段に移行できるかも大切だ。反対を押し切って実行して、家族を手放す羽目にならぬように！

様々に少しずつ実践して、**常識と思わされてきたお金やシステムへの完全依存を、一歩一歩抜けてゆく自由さ、嬉しさ、楽しさを感じてほしい。**社会システムにコンセントコードでつながれていないと動けない／暮らせない／働けないと思わされていた自分。お金が絶対に必要という洗脳的カラクリから抜け出せなかった自分。無意識と常識にがんじがらめにされて、なんとなくオカシイと思っていた自分。そこから脱した自由、さらに言えば、巨大システムに依存して何かに媚びずとも生き延びていける自信と自由を謳歌してほしい。限りなくあった不安は、全くなくなることはないにしても、限りなく小さくなる。**ミニマムな暮らしは、不安もミニマムなのだ。**

■ミニマムな暮らしは、ストレスもミニマム

こうして、様々なものを工夫して手放し、一方で様々なモノやコトを自分でクリエイトできるようにする。万が一や将来のための貯蓄も当然必要だが、生活費が仮に5割小さくなるということは、比例して貯蓄も5割小さくていいということだ。親への仕送りや貯蓄予定額も含めて1年でいくら必要なのか、12で割ってひと月にいくら必要なのか、ザックリと計算できる。それが君のライフスタイル基準金額である。Re Life Cost である。

ちなみに、これは Re Life, Re Work した後に実感することになるだろうが、**Re Life, Re Work するとストレスがミニマムになる。**すると、ストレス解消のための消費がなくなる。ストレス解消の飲み屋通いやカラオケ通いもなくなる。お酒が量から

質に変わる。酔うまで飲んでいた酒が、ほろ酔い酒で満足になる。世の中に翻弄され、誰かの指示で行動せねばならず、人からの評価や、人との比較や、マスコミ情報からの劣等感や、そうしたものが少なくなり、自分で決めて自分で行動することが増え、自己肯定感が大きくなるからだ。

私の「The消費者」度合いは、サラリーマン時代の3割程度になった。

こうして、Re Life, Re Workは充実した暮らしへの可能性がますますアップし、出費はますますダウンするという不思議な方程式になる。

■Re:Work Style

どんな仕事をしよう！　どんな働き方をしよう！

Re Lifeして、ライフスタイル基準金額がザックリわかれば、過去から今までの仕事や働き方と照らし合わせることができる。どれだけ、どのように働けばいいのか、おおよそ見えてくるものがある。過分に働きすぎていなかったか？　より稼がねばと焦っていなかったか？　正社員になれずに劣等感を抱いていなかったか？　稼げない自分はダメだと諦めていなかったか？

もし、Re Lifeして、田舎に移住して、一軒家を3万円以内で借りられたら、収入は1人だと10万円、2人だと15万円、2〜3人の子どもがいて20万円で暮らしが立つ。

NPO SOSA PROJECTでの活動をきっかけに匝瑳に移住した越智さんは、12万円ほどで子ども2人を含む家族4人で暮らしている。一軒家の家賃は2万以下で家畜小屋と畑が2つ付いている。先日遊びに行ったら、鶏とニホンミツバチを飼い始めていた。新鮮な卵と蜂蜜を取り放題、食べ放題である。2歳の男の子が裸で鶏と追いかけっこしていた。たくましく育つことだろう。

■地方にはいくらでも仕事がある!

さて、10万円をアルバイトで稼ぐとしよう。9時から17時まで休憩1時間を挟んで働くとして7時間労働。10万円を時給700円で稼ぐとすると約140時間必要だから月に20日程度の労働。時給1000円なら100時間必要だから14日程度。時給によって変わるが、週休2日以上は確実だし、半月以上の休みも可能かもしれない。

仮に夫婦で20万円必要だとしても、共に10万円ずつ稼いで、互いに充分に休める計算になる。自給する程度の田んぼや畑なら、アルバイトのない日に作業しても、時間が余る。雇われる仕事から脱却するための準備時間に充てればよい。地方には仕事も雇用もない、とよく言われる。しかし、地方の人が当店に来ると、いくらでも仕事はある、雇用はある、人が足りなくてどこも困っている、という。

要は、都会的仕事やオフィス的仕事や大企業を選ぼうとするから、仕事も雇用もないだけで、選ばなければたくさんの仕事、雇用、アルバイトがある。そもそも都会的でオフィス的で大企業的な仕事をする人の多くが病んでいるのではないか。そういう仕事に就けない人は、道路工事や建設工事や土木工事などの仕事をするだろう。現場仕事をするなら、地方にもあるのだから、わざわざ都会に住む必要はない。地方にも仕事はある。

しかしせっかくRe Lifeするのだから、サラリーマンやパート、アルバイトという雇われる働き方から抜け出したい。ナリワイを興そうじゃないか。月10万円から20万円のライフスタイル基準金額を稼ぐナリワイ。10万円の収入を求めるなら1日5００0円の収入になるナリワイを20日やればいい。20万円なら1日1万円の収入になるナリワイを20日やればいい。ちょっとは、ナリワイできるかもって可能性を感じないだろうか。では、何をナリワイにすればいいのか？

■「ビジネス」「働く」を再定義する

まずはビジネスを再定義したい。金を稼ぐだけがビジネスの目的ではない。自分が楽しみ、人が喜び、世の中を良くすることが目的だと思う。近江商人の言う「三方よし」は、「売り手よし、買い手よし、世間よし」。**「働く」の語源は、「傍《はた》」を「楽《らく》」に**

する、という「傍楽《はたらく》」だという。今の時代の「働く」は「傍」を「落」とす、「傍落」に成り下がってしまった。今ある巨大企業もかつての創業者は起業家精神で三方よしを目指したに違いないが、世代交代が起きたり出世経営者に変わってくると、ビジネスの第一目的が企業の存続と拡大化にならざるを得ず、当初の「自分が楽しみ、人が喜び、世の中を良くする」という目的は色褪せ、二の次、三の次になってしまう。

■グローバル化と、拡大増殖の逆を行こう！

創業時、**たいていのビジネスは問題意識から生まれたはずである。**その偉業が存続と拡大を目的化した時、達成済みのイノベーションのヴァージョンアップだけが業務となる。ヴァージョンアップでの利益確保が難しくなれば、異分野に進出して売上の確保拡大に乗り出したりで、結局、問題解決のためのビジネスではなく、利益を出すための奪い合いビジネスに転じてしまうわけだ。問題解決が目的なら、奪い合いも囲い込みもなく、ノウハウを拡散すればいいのだが。ビジネスや経済のグローバル化や拡大増殖化によって、快適で便利な世の中になったことは、光の面だが、それに伴い、貧困格差が広がり、環境が壊され、紛争は世界化し、人々は様々な不安の中を生きねばならなくなったことが、闇の面だ。闇を解決してゆかねば人類は存続できなくなってゆく。**原因がグローバル化と拡大増殖化なのだから、問題解決には逆を行けばいい**

のである。定常化や均衡化や縮小化だ。より小さくがいい、より少なくがいい、よりゆっくりがいい、より非効率がいい、より非生産的がいい、よりローカルがいい、より循環するのがいい、より稼がないのがいい。そして「ほどほど」の着地点を見つける。光を維持しながら闇を解決できるのだ。

■巨大企業の利益は循環しない

経済やビジネスのグローバル化と拡大増殖化で、ローカルの市場は飲み込まれた。町や村の八百屋さんも、種屋さんも、本屋さんも、レコード屋さんも、金物屋さんも、喫茶店も、定食屋さんも、お弁当屋さんも、服屋さんも、靴屋さんも、カバン屋さんも、修理屋さんも、工務店さんも、建設屋さんも、なくなりつつある。巨大企業が進出したからだ。市場《しじょう》が大きくなったからだと思ってしまうが、**実は、もともとあった市場規模を小さなナリワイで分かち合っていたところに、巨大企業が入ってきてすべて独占しただけなのだ。**市場は数多《あまた》の担い手から巨大な少数の担い手に全く入れ替わってしまった。かつては買う人が払うお金が町や村の中でナリワイを巡って循環していたのに、今では巨大企業に払ったお金は町や村への循環は少々で、大部分は東京や世界市場に持ち去ってしまう。GDPの額は変わらずとも、町や村はジリ貧となり大企業が潤うばかりで、地方に税金はあまり落ちず、本社がある都市に売上も利益も税金も集中し、地方と都市の格差がますます広がってゆく。こうして様々な問題が複雑に連鎖して日本中、世界中に蔓延しているのだから、**空白となった町や村に懐かしくも新しいナリワイを興してゆける隙間やニーズが生まれてきていることは間違いない。**

■大企業は、イレギュラーに対応できない

懐かしくも新しいナリワイ。グローバル化と拡大増殖化で均一化や画一化や統一化が進んだ裏で柔軟性や包摂性や多様性や親近性が失われたのだから、それらを補う要素を取り入れたナリワイこそチャンスがあり、それらを取り戻すには顔が見える関係のビジネスこそふさわしい。大企業の販売員が、地域の人々の顔を見ながら個別対応はできない。しかも定期的な異動があれば、永続的に良心的な個別対応などできないし、責任を担えない。**働く人の善意とは別のところで、企業側の都合とルールとマニュアルのせいで個別対応はできなくなっているのだ。**読者も、企業の対応の理不尽にイラついた経験の1つや2つはあるだろう。全国の多様な問題を集約して均一化した大企業の対応では、イレギュラーな問題にシステムとして対処できないのである。人や地域の抱える問題は1つ1つが小さい。そのサイズに合うのは大企業でなく、地域に根を下ろして活動する小さなナリワイに軍配が上がる可能性がある。

小さなナリワイの可能性。でも何をナリワイにしていいかわからないという人が多い。確かにそう簡単には見つからない。子どもの頃から、大人になったら就職するという教育を課せられてきたのだから当然だ。なら今から探せばいい。外に探しに行くのもいいが、そうはなかなか見つからない。結果、何かの資格を取ろう、となることが多い。しかし、今や資格ビジネスが巷に溢れ、お金がかかるだけでナリワイに結びつかない人も多い。そして、いつまでも学び続けるだけで満足して、現状を打破できない人もいる。**外部に求めにゆくより、内面にある素材から引き出してくるほうがいいだろう。**内面のどこから引き出すのか、いくつか羅列してみよう。

Re:Making Job

自分の好きな仕事　ナリワイの見つけ方

■1　好き・得意型ナリワイ

なかなか好きなことが見つからない、やりたいことが見当たらない、と嘆く人が多い。お金になるか、ならないか、で考えてしまうからかもしれない。でも誰でも夢中になってしまうモノやコトがあるだろう。今はなくても過去にあったかもしれない。三度のメシを忘れてでも夢中になってしまうこと、それがナリワイへの足がかりになるかもしれない。

好きなことがお金になるなんて超幸せである。意外にも、好きなことや得意なことは日常になってしまっていて気づかない、もしくはお金になど成り得ないとタカを括ってしまっている。思い込みもある。**日頃からメモ帳を常に持ち歩き、好きなことと得意なこと、および、嫌なことと苦手なことを書き連ねてゆく習慣をつけよう。**どんな些細なことでもいい。すでに無意識にライフワークになっていることや、まだ手を出していないが気になっていることなどにも気づく場合がある。書く書かないを判断せずに、気づいたらすべてをメモする。そして時折、まとめればいい。特性や共通項などが見えてくるはずだ。嫌いなことと苦手なことのリストも役立つ。やりたくないことが明確になるし、やりたいことへの裏返しだったりすることもある。日常に隠れた自分を発見してほしい。

例えば、数年前に当店や匝瑳の田んぼに何度か来てくれた千葉県住まいの30代のKさん。ずっと引きこもっていた。精神的に行き詰まると水回りをはじめとした家中の大掃除を始めてしまうそうで、ある時、掃除が大好きなことに気づいた。世間に掃除が大好きな人は少ない。そこで他人の家を掃除したり、掃除が綺麗に楽しくできる方法を教える講習を開いたりで環境に配慮したハウスクリーニングのナリワイを興した。以前の引きこもっていた時代の暗い顔つきとは別人のように清々しい風貌に変化した。今は結婚もされて暮らしも心身も充実している。

複数の他人に「君は○○が得意だね」「○○がすごいね」などと言われることがあるとしたら、その人が潜在的に持っている得意なことだったりもする。誰にでも日常の暮らしや習慣の中にナリワイにつながる「好き」や「得意」が潜んでいるものだ。

■2　夢型ナリワイ

子どもの頃からの夢。大人になってからの夢。何でもいい。大きな夢でもいい。小さな夢でもいい。「口」に「十」と書いて「叶う」という。だから何度でも言い続けていれば夢は叶う、と言いたいが、現実はそう簡単にはいかない。**しかし言い続けてさえいれば、夢に近づくことはできる。**例えば、小さな頃から野球を習っていて、メジャーリーグで活躍するイチローみたいになりたい、という夢があったとする。残念ながらイチロー級になるのは無理があるかもしれない。日本のプロ野球選手になるのだって難しい。しかし、イチローのようになりたいくらいだから野球が大好きということ。地域で子どもに野球を教えることはできるかもしれない。素人に野球を教えることもできるかもしれない。野球に関係する何かをナリワイにできるかもしれない。

例えば、名古屋に住むKさんはサッカー好きが高じて、中心部が透けて見えるボールを開発して特許を取り、その普及をナリワイにしようとしている。野球でもサッカーでもバレーボールでもゴルフでも、球の中心を捉えることが重要である。球の軌道を変化させるにも、蹴りどころや当てどころを中心部からずらす技術がいる。練習でこのボールを使えたら、球を芯で捉えたりして自在に変化させる技術が向上するだろう。

夢を変化球にすれば、その夢の近くまで、叶う可能性が高まる。

■3　経験延長線上型ナリワイ

今までに経験してきた仕事の延長線上でナリワイを興す。一番多い型かもしれない。出版社を辞めて、フリーの編集者やライターになったり、小さな出版社を立ち上げるなどがそうしたパターンだ。本が好きで出版社で働いても、出版の現場に配属されるとは限らない。経理や人事やロジスティクスに配属されることもあるだろう。編集などの業務に就けたら就けたで、かなりハードで長時間労働になるパターンも多い。上司と担当する執筆者との間でストレスも溜まりやすい。

例えば出版の世界の例で言えば、著名な出版社を辞めて、決まった上限の冊数しか販売しない、という小さな出版社を起こした菊谷さんがいる（P212参照）。夫婦での二人三脚経営だ。付加価値が高まり、愛読者数が安定し、海外の有名大学からの定期購入まである。あるカテゴリーの分野に絞った定期マガジンを発行し、読者を広げてコアなファンを日本中に広げている夫婦経営の出版社もある。このHさん夫婦は東京から岐阜に移住した。東京から熊本に移住したことをキッカケにその地域だけの情報に絞ったローカルメディアを展開する1人出版社を立ち上げたKさんもいる。Kさんは熊本地震の折には被災者支援センターをすぐに立ち上げていた。**いずれにせよ、**

「冊数」「カテゴリー」「地域」など、ターゲットを限定しているのが特徴だ。

出版以外の例も書こう。税理士事務所に勤めていたIさんは、多くの税理事務所や会計事務所が税理士資格希望者を安い賃金で働かせていることに問題意識を持ち、税理士として独立起業後、雇われもせず雇いもしない1人社長のノウハウを書籍やセミナーで世の中に発信している。彼自身も誰も雇わず、少数の顧客しか引き受けない1人社長だ。そうすれば多くの税理士が顧客を分かち合って、独立しやすくなるからだという。顧客数を限定することで収入はミニマムながら安定するし、**顧客を少なくしている分、行き届いた個別のサービスができるので、付加価値が高まり、価格競争に巻き込まれない。**自分に合わない顧客の仕事は躊躇なく断れる。そしてプラスαの収入源として、「税理」×「好き・得意」という掛け合わせでニッチなニーズを作り、セミナーなどを開催しているのだ。

今まで関わった仕事の経験に無駄はない。正社員だろうと非正規だろうと、過去の経験は必ず活かせる。その分野での経験と問題意識を掛け合わせて、小さなマーケットに働きかければいいのだ。

■4 問題解決型ナリワイ

過去に自分が悩んだりしたことを、同じような問題を抱える人に改善解決を促すナリワイ。これは本人の苦い実体験から生まれてきているので、顧客にとってとても説得力のあるものになる。

例えば、アトピーを改善した人が、アトピー改善を促すナリワイをする。人間関係で苦しんだ人が、人間関係改善のカウンセラーをする。子育てで困ったことがある経験を生かして、子育てサポート事業を興す。リストラされそうな人に対処法や今後の選択肢を提案する相談事業を興す。人の数だけ悩みはあるし、1人の中にも多々の悩みがある。**悩みの数だけナリワイのチャンスがある。**

子どもの頃、勉強が嫌いで、しかし親からの期待で勉強から逃げられず、独自の勉強法を考案して有名大学まで進んだ人が、政治家秘書を辞め、田舎の限界集落に移住し、空き家で学習塾を開き、勉強嫌いの子どもに対する個別指導で成果を上げている。**勉強嫌いで悩んだからこそ、その解決のためのナリワイができたのだ。**決めた人数以上の生徒は受け付けない。近隣から人気で、キャンセル待ち（生徒の卒業待ち⁉）状態だ。そして、仕事以外の時間を充分に確保して、農作業や地域おこしにいそしんでいる。最近、ご結婚もされた。

このように学習塾など地域密着が特徴のナリワイなら顧客を受け入れる間口を広く

するのもいい。地方や地域には顧客対象となり得る人口そのものが少ないからだ。逆に、地域を超えて全国に悩みを持つ顧客がいそうな分野のアドヴァイザーやカウンセリング業や相談業なら、悩みの内容を小さくカテゴライズして間口を小さくしたほうが、顧客対象は狭くなるが、顧客総数は全国区でそれなりの数になり、ナリワイの特徴があるので商売になるだろう。例をあげれば、人間関係の悩みであれば親子に絞るとか、夫婦に絞るとか、上司に絞るとか、内容をモラハラに絞るとか、本音を話せない人に絞るとか。

問題解決型ナリワイは、課題先進国と言われる日本において、大きな意義を持つ。課題や問題が山積している分、ナリワイへのヒントがたくさん隠されている。

■5 ミッション型ナリワイ

人生にミッション（使命）を持って生きている人もいるはずだ。それがいまだ実行できていないなら、ナリワイでミッションを果たせれば最高だ。世の中をこう変えたい、人が安心できる社会にしたい、戦争のない未来に貢献したい、途上国の人々の支援をしたい、などなど。この世を舞台にした大きなテーマの実現に向かって、微力であろうともコミットして社会変革や安定に関わって行く。NGOやNPOで社会ジャーナリズムや報道や出版、支援活動などもあるだろう。

問題を解決する事業を興すのもいい。当事者との交流プログラムや体験ツアーを企画運営するナリワイもある。

激務の出版社を辞めたNさんは、フィリピンの女性と日本の男性の間に生まれたジャパニーズ・フィリピノ・チルドレンの問題を提起し、支援活動や執筆をナリワイにしている。加えて日本における子どもの貧困の問題に対しても日々活動している。大学卒業後、教員になろうとしていたSさんは、2011年の3・11をキッカケに原発に関する国民投票運動に携わり、その後は直接民主主義のテーマを探求して世界を旅し、それに関する提言や講演や情報発信をしている。

今の時代は誰でもネットを使って個人が発信できる時代。自分のミッションを果たすべく、テーマを絞り込んで活動し、それを発信してゆけば、必ず見てくれる人がいる。それをナリワイへとつなげてゆく。

■6　場所（環境）型ナリワイ

ちょっと荒技のようだが、Re Workをどうするか何も決まっていないとしても、**住まうべき場所へ移住してしまうと、ナリワイにつながることがある。**きっと、住まうことで覚悟が決まるからかもしれない。場所が決まると、地域で困っていること、人が困っていることなど、課題が見えてきて、自分に担えることがあることに気づいてゆく。信頼が生まれ、地域の人々からも何かを期待されるようになる。そうしてかつてやっていた仕事や得意なことを聞きつけた地元の人から、関連する頼まれごとを引き受けるうちに、気づいたらナリワイになっていたなんてことがある。

　最先端の技能や技術が必要なのではない。**地域の小さな課題は、ローテクで解決可能だったりする。**世界と勝負したり、ライバル企業と争うわけではない。そこにある課題を解決するのに、空高くスカイツリーを立てる技術もリニア新幹線のスピードもゲノム技術もロボットも人工知能もいらない。オジイやオバアにパソコンを教えるのにソフト開発の先端技術もいらない。だから過去の人並みの経験とヨソ者の目線があれば大丈夫なのだ。地域おこしを担うのは「ワカ者、バカ者、ヨソ者」と言われる。

　3・11を機に親子4人で東京から琵琶湖のほとりに避難したKさん。家を提供してくれた家主さんに空きスペースがあるからと言われ、日数限定カフェを開いたり、そこで始めたばかりの楽器を練習していたら教えてくれと言う人も現れ、地域の方とバンドを組むようになり、今ではイベントなどに呼ばれるような活動になり、さらには行政からの依頼で○○委員などを務めるようになって、多様なナリワイに広がり、なんだかんだ収入になり、しまいには3人目の子どもを授かった。

超大手メーカーの人事にいたAさんは会社のブラックなスタンスに疑問を持って会社を辞め、親子４人で鹿児島の離島に移住し、1年ほどは漁師や農家のアルバイトで生計を立てていたが、島内で出会ったビワの葉療法の師からそれを習得して独立した。やはり彼らも移住後３人目のお子さんを授かった。

瀬戸内海沿岸に夫婦で移住して自給生活していたら、地元のミカン農家さんから都市部への売り込みを依頼されて、ついでに島内の産物を都会に営業して回るようになった人もいる。

生きる場所が決まればナリワイが湧いてくる。芋づる的にナリワイの幅が派生してゆく。地域の困りごとの解決にヨソ者の視点と力が必要とされてゆく時代なのだ。

■7　組み合わせ型ナリワイ

以上6つのナリワイ形成の型を記した。しかし、どれもが単体としてナリワイ成立の型になることはむしろ少ないかもしれない。6つの型や、それ以外にもあるかもしれない型と合わせて、様々な要因が重なり合ってナリワイになるのだと思う。

私の例で説明しよう。私のナリワイはOrganic Barに始まり、NPO活動、執筆、講演と広がってきた。

1）の**「好き・得意型ナリワイ」**からすると、空間デザインを創るのが好きであり、音楽が好きであり、旅が好きであり、お酒が好きであり、人と接することが好きであり、人同士をつなげるのが好きであり、人の悩みを聞くのが好きであり、人を喜ばすのが好きであり、平和を紡ぎたいという願いと人類が地球環境の中で生き延びられるように社会を変革したいという大袈裟なことを夢見ており、人に良いことを伝えようと押し付けがましいところがあり（それって欠点⁉）、それらをすべて実践できるのがOrganic Barだったのだ。

2）の**「夢型ナリワイ」**からすると、歴史上の人物に影響を受けて社会変革の一端を担う人になりたいという夢があり、幼少の頃にいじめられっこだった経験から誰もが排除されない世の中にしたいという想いが強く、ブルースをギターで弾き語りたいという妄想が学生時代からあり、人前でお話しできるような存在になりたいという願望がサラリーマン時代に芽生え、30代後半からは目立ちたい自分を抑えて自我を少しずつ剝がしてゆきたいという人生論を持つようになり、いつかは田舎で自給しながらのんびり暮らしたいという憧れがあり……。それらはＢａｒやＮＰＯや講演などですべて達成してきた。ろくにギターも弾けなかったのに、今では外で演奏を頼まれることすらある。まぁ、歌も技術も相当にひどいものだが！

3）の**「経験延長線上型ナリワイ」**からすると、30歳までの小売業勤務経験で接客、販売、在庫管理、売場作り、空間作り、人事管理を学んできて、それらをＢａｒやＮ

ＰＯに活かしナリワイにつなげた。

４）**「問題解決型ナリワイ」**からすると、右肩上がりの数字目標を掲げる経済や経営や現場において、かつてサラリーマンだった自分がその目標に押し潰されそうになった問題意識から、働く人々が自分が経験したような辛さを繰り返さないような社会にしたいと思い、経済成長や右肩上がり目標の経営と違うビジネスや生き方を作ろうとして実践してきたのがＢａｒやＮＰＯや執筆や講演である。

５）の**「ミッション型ナリワイ」**からすると、成長神話からの卒業を人々に示すことであり、巨大企業に翻弄される小さな存在の人々に組織からの離脱を促し、ナリワイや半自給や地方移住に背中を押すことである。そして当店はいつからか「退職者量産Ｂａｒ」と呼ばれるようになった。

６）の**「場所（環境）型ナリワイ」**からすると、千葉県の匝瑳市の田んぼでお米作りをするようになり、たくさんの人が手伝いをキッカケに自給するようになり、地元からの要請もあってＮＰＯを立ち上げて運営するようになったことが挙げられる。またそれに伴い、移住者に空き家斡旋をしていることもそうだろう。こうして私のOrganic Barに始まり、そこから派生して生まれたナリワイ達は、様々な要素が絡み合わさり、互いに連鎖しあって、今に至っている。

以上挙げてきたように、ナリワイへの可能性は自分の内側を見つめることから、もしくはすでに持っている要素から発展する。ナリワイは1つでなくていい。専業にこだわる必要はない。むしろいくつもあったほうがリスクヘッジになるし、互いの仕事を行き来することで飽きが来ず、メリハリにもなる。ナリワイ助走期間中はアルバイトやパートでライフスタイル基準金額を補塡するのもいい。

塩見直紀さんが提唱した半農半X（ナリワイを「X」に当てはめる）という生き方。農で少ないなりに自給をしながら「X」なるナリワイで生きてゆくという概念が、日本を超えて世界で注目を集め始めた。発明家の藤村靖之さんは月3万円ビジネスを提唱した。1つのナリワイで2日以内の業務で3万円だけ稼ぎ、必要な生活費を達成するために、その月3万円ビジネスを複数個掛け持てと言う。パラレルワーク、多職、副業、マルチプルインカム、持ち寄り家計、萬屋《よろずや》など、言葉は何でもいい。必要とするライフスタイル基準金額を稼げればナリワイは持続してゆく。

■仕事をするのに、忘れてはいけないこと

しかし肝心なことを忘れてはいけない。**自分が楽しみ、人が喜び、世の中を良くする、という3要素を肝に銘じてほしい。**満足感と幸福感を得るために絶対必要な肝心要の要素。もしお金を稼ぐことだけが目的になったら、やりたくないことに手を染め

てゆくことになって、せっかくRe Workした意味がなくなる。株や先物取引やネットワークビジネスに走ってしまうかもしれない。長時間労働になったり取引先に無理をさせてしまうかもしれない。安いコストに走って地球や誰かを犠牲にしてしまうかもしれない。何より、お金のためだけのナリワイは、きっと長続きしない。心に傷を負いながら歩んでゆくことになりかねない。好きなことや得意なことに限らず、Re Workにつながる可能性がある気づきを、日頃からどんどんメモしたらいい。マインドマップや人生マップを自分なりに作って、分析すればいい。自分らしさをすべてミックスしてオンリーワンな自分を描いて行こう。人生で叶えたいことのために。

本当は、直感を大事にすればいい。楽しいこと、好きなこと、夢中になれること、そしてやりたいことを。同時に、やりたくないこと、嫌なことも直感でわかるようになったら、人生は何度でも変更可能になる。左脳で試行錯誤してゆくと、いずれメモしたり考察しなくても、右脳、つまり直感で物事を判断できるようになってゆく。やりたくないことはしないで、やりたいことだけをナリワイにして生き延びる。そんな幸せに近づける。

では次に、お金に向き合うが、お金の奴隷にはならないための秘訣を確認しよう。

Re:Sales 稼がない目標って!?

■「ライフスタイル基準金額」を元に計算する

この章では、「ライフスタイル基準金額」を算定し、どんなナリワイを起こすのか心のうちの叫びを嗅ぎ取る作業をしてきた。いざ、ナリワイを起こしたとしよう。いくらの売上目標にしたらいいか。能力や才能や運や大金がある人は、売上目標を大きくして、それを達成して、たくさんの雇用を創るのもいいだろう。ただし、雇用環境をブラックにしないように！ ここでは能力や才能や運は人並みで大金もお持ちでない人を想定して、話を進めていこう。

まずはひと月のライフスタイル基準金額がいくらなのか、そこが基盤になる。その額を稼ぐには、ナリワイでいくらの売上が必要か、計算する。

■具体的な数字を、まず見つける

例えば自宅で整体やカウンセリングや習いごと教室を開設するなら材料のコストがあまりかからないので、ひと月に20万円のライフスタイル基準金額なら、売上は20万円＋αで良い。週休２日とすればひと月に22日前後の営業日数になるので、１日の売上は１万円くらいでいい。１日に単価２５００円のお客さんなら４人、５０００円の単価なら２人で成り立つことになる。

例えば１人で営む飲食店でライフスタイル基準金額20万円を稼ぐとなれば、店舗家賃などの固定費／食材などの変動費／人件費が３分の１ずつなので、「人件費」＝「収入（ライフスタイル基準金額）」＝「20万円」だから、60万円の売上が必要となる。週休２日とすればひと月に22日前後の営業日数になるので、１日の売上は２万７００0円くらいでいい。１日に単価２０００円なら14人、単価３０００円なら９人、単価４０００円なら７人で成り立つことになる。

こうして日々、これだけ売上が取れれば暮らしてゆける、これだけお客さんが来れば暮らしてゆける、これだけの件数が売れれば暮らしてゆける、と**具体的数字がわかれば、なんとなくできる気になれる。**意外とハードルが低いと思えるかもしれない。その数字だけ獲得するために、方策を取ればいいのだから。

さて、次が重要だ。売上に上限を設けること。**要は、売上が上限を超えてしまったら上限内に戻すこと。売上を下げる工夫や努力もするわけだ。**上限を設け、それ以上は求めないことのメリット。これが最重要だ。メリットをいくつか挙げる。

1）売上拡大を手放すので、過分な設備投資をせずに済み、開業コストを抑えられる。
2）開業コストが小さくなる分、起業のハードルが低くなる。
3）売上がミニマムでいいので、開業から軌道に乗るまでの期間が短くなる。
4）人を雇わないで済む、もしくは雇ったとしても最小人数で済む。売上が取れない時の一番のコストリスクは人件費。そのリスクを減らすことになる。
5）1人もしくは最小人数でできうることは限られるので、限定商売になる。
6）限定商売は希少価値が高まるので価格決定権を世間に委ねないで済むし、値下げ競争や相場に左右されない。
7）限定商売だからこそ、過程が丁寧になり、その物語は付加価値となる。
8）限定商売だからこそ、ターゲットを絞り、少ない顧客と向き合い、個別対応やイレギュラー対応も可能になり、信頼につながり、顧客化の安定になる。
9）限定商売だからこそ、そこに集中し、より良いものへと昇華させる原動力になる。

10）限定商売＝少量商売ゆえ、顧客動向や売上動向に対して機敏に小回りが利く。
11）限定商売は供給より需要が大きくなりやすく、常に売上が上限近くで安定する。
12）限定商売は売上規模が小さいゆえに、同分野の競合他社や大手企業にライバル視されたり、標的にされたり、買収されたりするリスクが少ない。
13）限定商売だからこそ、需要に応えられない分を同業他社に譲ることができる。売上を分かち合うことを意味し、過当競争でなく共存共栄につながる。
14）大きくなる必然性がないのだから、新規参入社や他社にノウハウを分かち合うことができるし、そうした信頼は巡り巡って自分のナリワイに回帰してきて、安定した売上に寄与する。
15）売上に向けてのプレッシャーが少ない分だけストレスは少なく、他社との分かち合いでギスギスやセコセコがなくなり、おおらかでいられる。

■これからのスモールメリット／ミニマムメリット

これらを「スモールメリット」「ミニマムメリット」と呼ぼう。これからの持続可能な生き残りビジネスには、スケールメリットよりスモールメリットやミニマムメリットのほうが、優位になるし、価値が大きくなるだろう。例えば、ナリワイを大きくするほど、経営参謀としての代表、経理をする人、人事管理する人、販促をする人などの専門家を配置することになる。売上を取る直接部門の人とそれ以外の間接部門の人とで業務の役割分担が生まれる。代表も経理も人事も販促も、仮に立派に仕事をしたとしても、直接に売上を取ってくるわけではない。現場で売上を取る人は、間接部門の人のお給料分も捻出するために、売上目標の負担が数倍になるだろう。得てして、間接部門、とりわけ代表は、現場より多くの給料を取る。今もこれからも経済の需要規模が変わらないか、もしくは縮まる傾向の中で、現場が売上を大きくするのは相当の無理難題である。だからナリワイは需要を超える程に大きくしないほうがベターなのだ。**たくさん売れたら良いという供給サイドの妄想視点より、需要量や需要数から見るようにして、一定規模以上大きくしない。**適正規模を維持するほうが、賢いのである。

日本は長寿企業の優等生だ。世界41か国で200年以上続いている企業は5500社強あって、そのうち3000社以上が日本にあるという。その理由は大きく2つ。1つ目は大きな戦乱や占領もなく比較的平和が続いてきたこと。もう1つは、家訓や理念がしっかりしていて、本業を怠らずに磨きをかけてきたこと、が大きいという。**「こだわりを放棄して販売を拡大する選択はありえない」「長年の信頼を保つため、目**

の届く範囲で商売をする」「欲をかくな、儲けはほどほどに」などが長寿企業の経営者に語り継がれてきた理念だ。ナリワイを興したからと言って必ずしも永く存続することを目的にする必要はない。だが、ナリワイ成立の大きなヒントがここにある。一方、現代の日本の新設企業の存続率は、1年後で60％、10年後で5％だという。

さてここで、都会から田舎に移住してナリワイを興した人たちの具体例をいくつか挙げよう。

■1）松原万里子さん（独身）

（以降、家族形態、年齢などは当時のもの）

まずはNPO SOSA PROJECTの代表で、千葉県匝瑳市の松原万里子さん（48歳）をご紹介したい。彼女は30歳を過ぎて耳が聞こえなくなり、それでも天職と思っていた保育士を数年間は続けていたが、子どもの安全性を理由に職場を辞めさせられた。愛知から東京に引っ越し、経理の仕事についた。自分の人生を憂い、だんだんと健常者との交流も少なくなり、内向きな暮らしをするようになった。次第に仕事も辛くなり、ストレス、うつ、過呼吸、人間関係で深い闇をさまよった。

5年前、聴覚障がいの友人数人と当店に来た。私が少々手話ができるということで、友人に誘われたようだ。お米作りをしてみたいといい、匝瑳の田んぼに何度も手伝いに来てくれた。田植えから稲刈りまでを経験し、将来は自給しながら自然の中で暮らしたいと希望を見出していった彼女は、匝瑳への移住を決意した。地元の方に相談すると、20年以上放置されていた空き家を紹介された。縁側の回り廊下に囲まれて、広い和室が5つの平屋。そこに後から建てたであろう2階建てが連結されていて、トイレや広めのキッチンと浴室があり、2階には2部屋。井戸もあるし、家屋の回りを囲むように畑が広がっている。隣の家までは200メートル以上あるだろう、人目を気にする必要がない。しかし、住まわれなくなって久しく、草が屋根まで覆い、お化け屋敷のよう。相談しても誰もが住むことに賛成しなかった。それでも彼女はここを気に入り、住むと決断した。置きっぱなしの家具や着物や荷物の処理、朽ちた床の張り直し、雨漏り修復、家の傾きを戻すなど、次から次へと立ちはだかる困難を、NPOのメンバーや地域の方などの知恵や力を借りて乗り越え、一年半かけて素敵な家へと生まれ変わらせた。今では訪ねてくる誰もが、「ステキー!」と第一声を発する。庭には五右衛門風呂やツリーハウスも作っている。

古民家を見事なまでに再生し、米と大豆と野菜を自給し、3年前からはNPOの代表と会計も担うようになった彼女は、誰からも輝いて見られるようになった。かつて耳が聞こえないゆえ人間関係を遠ざけていたのに、今では田んぼに来る人を車で送迎し、農作業を教え、宿泊や料理のお世話をし、人生に悩む人へカウンセリングし（耳は聞こえないが、相手の口を見て会話ができる）、自宅で様々なイベントを開催し、失ったと思っていた天職のベビーシッターもたまに頼まれるようになった。わずかずつだがそれぞれが小さな収入になっている（＊現在、布の野草染め・下着作り・洋服作りなどのワークショップも開催している）。暮らしの中に幸福を噛み締める毎日だ。

■松原万里子さんの暮らしの収支

収入	
カウンセリング	0〜3万円
NPO SOSA PROJECT	3.5万円
宿泊	0〜2.5万円
障害者年金	15万円
計	**18.5万円〜24万円**

支出	
家賃	1.5万円
水道光熱費	1.5万円
通信費	1.5万円
食費	2万円
猫5匹の世話代	3万円
交際費その他	3万円
計	**12.5万円**

今や彼女の家には、近隣の方だけでなく、全国から人が訪ねてくるようになった。障がい者や健常者の境なく、出会った誰もがそこで語り合える場だ。耳が聞こえないストレスが消えたわけではない。大人数の会話にはついて行けないことも多々ある。それでもいいんだ、と割り切れるようになった。自分を訪ねてきてくれることに感謝が生まれる。**彼女の存在は、障がい者と健常者の垣根を越えて、都会のサバイバル生活で疲れた人たちに希望と選択肢を届けている。**生きることに輝きを取り戻した彼女は「耳は聞こえないまま。それでも人生は素晴らしい！」と目をキラキラさせて微笑むようになった。

NPO SOSA PROJECTの田んぼでの自給をきっかけに、匝瑳にはご家族連れから独身者まで、いろんな人が移住してきて暮らしている。今年移住してきた独身の男性２人にも暮らしの出費を尋ねた。青山完さんは、田んぼに囲まれた古民家で暮らし始め、月に３万円だけ稼げるナリワイを幾つか興そうとしている。他の移住者がツリーハウスやソーラークッキングを作るお手伝いなど、楽しいことで忙しい。青山さんの出費は月に９万５０００円。末永雅洋さんは、コンビニのアルバイトで生計を立てながらも「なるべく働かない暮らしをする」と宣言している。彼の「コストのかからない男」なるブログは面白い。末永さんの出費は月に９万円。松原万里子さんも、猫５

匹の餌代を除けば9万5000円で暮らしていることになる。3人とも、たまに東京に遊びに行くし、旅行もしている。**セコセコしている感じなど微塵もない。10万円あれば、ほどほど暮らしていけるのだ。**青山さんも末永さんも、もちろん、米や野菜を自給している。お米は親戚や知人に配れるほどの収穫だ。

■2）高橋政光さん（3人家族）

次に愛知県日進市の高橋政光さん（41歳）をご紹介したい。高橋さんは数年前、わざわざ愛知から新幹線で当店まで飲みに来てくれてからのご縁。会社を辞める前だった。高橋さんは2011年の3・11の大惨事を機に、生と死を考えるようになり、家族（妻とお子さん1人）との時間を大切にすべく脱サラを決めた。食品業界で営業の仕事をしていたこともあり、その知識をナリワイに活かしたいと思った。単なる安心安全だけでなく、**本物の食材を食べる楽しさや、自然から学ぶ生き方としての農を実践したくて、田畑をしながらオーガニックな居酒屋をやろうと決意。**そしてオーガニックダイニング「陽なたぼっこ」を2013年7月に開業（収入と支出は表を参照）。畑や田んぼができる場所に導かれ、名古屋から隣接する日進市に移住した。子どもを育てる環境としても気に入った。

■高橋政光さんの暮らしの収支（3人家族）

収入	
お店の売上-売上原価（仕入れ）	32万円
計	**32万円**

支出	
家と店の家賃	13万円
水道・光熱費	5万円
食費・交際費	5万円
通信費	3万円
その他生活費	4万円
計	**30万円**

畑は、たまたま知り合いが貸してくれた。田んぼは最初、フェイスブックで知り合った仲間に誘われて育苗からの米づくりを手伝った。その後、日進市の農地バンク制度を利用して8畝の田んぼを借りたが、さらなるご縁で2反《たん》4畝《せ》の田んぼを使って欲しいという方につながり、知りあった農家さんに機械作業などを助けてもらいながら、今は自分で米を作っている。米も野菜も自然農法で育てるので、周りの農家に迷惑をかけないよう、夏場は家族で草取り三昧の日々だそうだ。

来店者は家族連れが多いので、居酒屋から定食屋へ路線変更することを検討し、試験的にランチ営業をしたら売上が伸びた。しかし、昼営業だと田畑に行けないので本末転倒と心得、新鮮な魚も仕入れ、オーガニックの日本酒や自然派ワインを売りにしながら、夜のダイニングへの集客を試みているところだ（＊その後、夜のダイニングに完全移行できている）。定休日（日曜日）は子どもと接する日と決めて、家族を大切にしている。経営はまだ安定していないというが、つながった多くの方の協力を得ながら、食のイベント、自然農法の講習会なども開催し、地域との関係が自然なかたちで構築され、日々、感謝の連続という。最近はＦＭ愛知の料理番組にレシピを提供するなど、活躍の場も広がっている。

■3）高橋秀友さん（5人家族）

長野県山形村の高橋秀友さん（47歳）をご紹介したい。高橋さんがまだお勤めの頃、数回ほど当店に飲みに来てくれてからのご縁だ。

もともと千葉県流山市でフィットネス（スポーツジム）のコーチをして暮らしていたが、3・11の福島原発事故で自分の暮らす地域が放射線量の高いホットスポットになってしまった。そうした折に第三子を授かり、避難を受け入れていた長野県安曇野

■高橋秀友さんの暮らしの収支(5人家族)

収入	
お店の売上-売上原価(仕入れ)	15万円
料理教室などの収入	5万円
計	20万円

支出	
家と店の家賃	3万円
水道・光熱費	3万円
食費・交際費	3万円
教育費	3万円
通信費	3万円
ガソリン・車関係	3万円
その他生活費	2万円
計	20万円

のゲストハウス「地球宿」に滞在。子どもたちが震災で禁止されていた外遊びを思いっきりする姿を見て、長野を移住の候補地にした。理想の保育園があった山形村に地球宿のオーナーが畑を斡旋してくれた。自然農法で野菜を育て、子どもと一緒に土まみれになって作業したり、遊んだり。畑は親子のコミュニケーションの場になった。近くにアパートを借りて、とうとう脱サラし、移住した。

妻の紀子さんはフードコーディネーター。食と身体に優しい「場」を作りたいと夫婦で考えるようになり、カフェをナリワイにしようと決断したところ、近所の方に10年以上空き家だった平屋家屋を紹介された。移住後の素敵なご縁で知り合った多くの方々に協力してもらいながら、家屋を自分たちでリフォームしてオシャレな自宅兼カフェに仕上げた。2013年の11月、「Slow Cafe MAHALO」を開業（収入と支出は表を参照）。

月曜は予約制の料理教室、火曜と水曜は畑仕事やボディワーク施術（自然治癒力を高める整体）など、木曜から土曜がカフェ、日曜と祝日が定休日、という見事なスローっぷりである。

移住前に比べて収入は半減したが、人とのつながりやご縁のおかげで、幸福度は確実にアップしていると目を輝かせている。カフェでのイベント開催で、遠方からのお客さんも訪ねてくる。最近では保育園やPTAをはじめとした地域の活動にも積極的に関わり、カフェがコミュニティのような存在になってきた。流山在住時の知人が信州に移住してきたり、震災後の母子避難や保養で受け入れていたご家族が同村に移住してきたりと、高橋さん家族を移住に導いた地球宿オーナーのごとく、今は彼らが後に続く人へのつなぎ役となり、その後ろ姿は新たな移住者の希望となっている。

■4）水野岳彦さん（4人家族）

福岡県糸島市の水野岳彦さん（40歳）をご紹介したい。もう7～8年前だろうか、岳彦さんの妻の敦子さんが親御さんと何度もご来店くださったことをキッカケに、岳彦さんも1人で来店してくれるようになった。

水野さんは、東京から福岡県糸島市に移住し、1日にお客さんが2人しか来ない整体院を営んで、家族4人暮らしだ。「糸島には都会で求めていたモノすべてがありました。**豊かな自然と安全で新鮮な食材、そして何よりも感謝しているのが地域の人々との濃いつながりができたこと。**移住前は福岡に親戚縁者はほとんどいなかったのですが、移住して4年経って、今では生まれ育った東京よりも濃くて強いつながりの輪ができたと感じています」

水野さんは21歳で整体の道に進み、30歳で結婚、翌年第一子を授かった。「子どもを自然の中で伸び伸び遊ばせたい」という想いと「いつか田舎暮らしをしたい」という憧れが次第に大きくなった。しかし、整体院を多店舗展開する会社に勤め、院長やエリアマネージャーの重責を担い、早朝から終電まで仕事に追われる毎日。移住しても田舎でゆったり暮らすなど、まだまだ程遠く、妄想の世界だった。夜中に帰宅しても子どもの寝顔しか見られない暮らしに、悶々とする日々が続いていた。

3・11、原発事故での放射能を危惧し、妻と子どもを東京から山口県下関市の親戚の家に避難させた。しかし家族が離れて暮らす弊害、矛盾、理不尽が、彼に決断を迫った。その年の暮れに13年勤め上げた会社を思い切って辞めた。そして、様々なご縁を頼りに日本各地を家族で旅して巡る中で、福岡県糸島市がとても気に入り、移住先に決めた。現在は海と山に挟まれた小さな集落で築100年の古民家に住み、その一室を「水の整体院」として開業している。小さな田んぼと畑で少しずつ自給力も拡げつつある。

水野さんは東京に戻ると、当店に近況報告をしに来てくれる。「暮らしとナリワイはどう？」と尋ねると、「ほんと、1日2人のお客さんて、なんとかなるんですよね。しかも来てくれる時にニンジンやダイコンまで持って来てくれてありがたいですよ。お客さんが少ない時は、地域の荒れた里山の竹を切り出す共同作業（NPOが行政から受けた竹林整備事業）に行くと、数千円～1万円くらいの手間賃をもらえたりするので、なんとかなっちゃうんです」と気負いなく話してくれた。

水野さんは月20万円の収入だ。まずは支出を見てみよう。店舗兼住居は畑と納屋付きで家賃3万5000円。光熱費は1万円～1万5000円。水道は井戸水なのでタダ。食費はあまりかからないのに食べ物は豊かだ。近所の直売所では、新鮮な野菜や魚が都会では考えられないような値段で手に入るし、頂き物も多い。春になれば、ツクシ、ヨモギ、ノビル、セリなどの野草を子どもたちと採る。小さな畑では野菜も採れるし、米の自給も形になってきた。最近は子どもと海釣りに夢中。もちろん釣った魚をおろして食べる。そのほか、保険料や燃料費、通信費等を払っても月20万円あれば何とかなってしまうという。食べものが途切れないという安心感があるせいか、移住後に2人目のお子さんも授かった。

支出が定まれば、それをどのように稼げばいいか計算できる。整体は1回5000円。1日に1人か2人が来院すれば、月30〜40人の施術で15万〜20万円の収入になる。地域の社会活動に参加したり、イベントに出店したり、想いの近い人が営む飲食店やショップにチラシを置いてもらったり、というつながりの中の口コミだけで1日に1人か、2人は予約が入る。次第に市内近隣や福岡市街、そして東京にも出張施術に行くようになった。年に数回は整体のワークショップを開催し、新たにブラジリアン柔術（武術の一種）の教室も始めた。それゆえ、来院者が減ってもこれらでカバーできるという。何より、お客さんは1日1人か2人でいいのだから、仕事の拘束時間がとっても少ない。家族で過ごす時間も自分に充てる時間もたっぷりある。だからこそ、趣味や経歴を活かしてブラジリアン柔術などもできるようになるわけだ。収入を多元化することでリスクも減らせることになる（＊その後、地域での整体と林業と柔術教室の3本柱だけで収入が確保できるようになり、東京の出張施術にも行くが、都会に依存しない暮らしができるようになっている）。

水野さんには、東京で勤めていた時代と一変し、たっぷりの時間がある。おのずと地域や未来に目が行くようになる。子や孫のために何ができるのかと考えるからだろう。お金にはならないが、様々な地域活動や社会活動もするようになった。「かみさん（敦子さん）のほうが熱心で、地域の若いお母さんたちとつながって楽しそうに活動しているみたいです。僕はそれに追随している感じですね」。社会活動をすると横のつながりが増える。さまざまなジャンルの人と出会える楽しさ。支え合いや分かち合いが生まれ、安心の関係性が育っていく。社会活動をしていると幸福度が高まるというのは、そういう理由なのだろう。

最近、水野さんのお宅の近所に、東京の世田谷から移住者が来て、シュタイナーの子ども園を開設した。早速、そこにお子さんを通わせ始めた、と嬉しそうに話す水野さん。ナリワイにお金が循環する。地域の経済が循環する。ますます糸島が魅力的な地域になってゆく。

■5）菊谷倫彦さん（5人家族）

最後に埼玉県川越の菊谷倫彦さん（38歳）をご紹介したい。私がある映画でステージトークした折、話しかけてくれてからのご縁。菊谷さんが会社を辞め、フリーの編集者を始めた頃だった。その数ヶ月後、「菊谷文庫」を立ち上げる、とご報告に来てくれたことを思い出す。

菊谷さんは、小さな夫婦経営の出版社「菊谷文庫」を営んでいる。かつては出版社勤務だったが、仕事がハードな上に、毎日終電近くまで働く生活で、家族との時間が全く取れず、心理的に追いつめられて、退社した。都心に暮らしてフリーの編集をしていたが、夫婦協働の「菊谷文庫」なる家族経営出版社を5年前に立ち上げ、埼玉県川越市の家賃6万円台の一軒家に移住した。和綴じ雑誌「kototoi」は一冊2000円超と値が張るが、**テーマ性、個性ある執筆陣、手作業による和綴じ製本、シンプルな上質感などに加え、500冊しか作らないことで希少性が高まり、ハーバード大学からも定期購入されるようになった。**最近は、市井《しせい》の人の哲学こそが実がある、ということで、様々な自費出版を手がけている。

彼は必要以上に儲けないと決め、週休2日で1日6時間以上は働かず、常に家で過ごしているので、子どもの教育（ホームスクーリング）も夫婦で担おうと決意した。

月収は21万〜23万円。会社勤めのときの年収600万円より半減したが、子どもたちへの積立（9000円／月）や旅行のための積立（1万円／月）、預貯金（5000円／月）もこれで賄えている。庭では家庭菜園をし、去年まで知人と一緒に一反の田んぼを借りて米づくりもした。今年から近隣の農家さんのお米や野菜の販促を担い、地域の人たちと農家さんのつながりを作る活動「河越　郷《さと》の会」も始めた。

菊谷夫妻はどちらかというと人見知りするタイプ。都心に住んでいた頃は、近所付き合いは少なかった。川越はいまだに人情味のある地域で、子どもを連れていると道ばたでご年配者がたいてい声をかけてくれるし、抱っこもしてくれる。子連れの親同士では気軽に立ち話することも多い。そして次第に、大変な時は子どもの面倒をお互いに見合う関係にも発展するという。家庭菜園をする方や農家さんも多く、近所同士での「お裾分け文化」が盛んで、菊谷さんも野菜や料理をもらうこと、届けることが日常茶飯事になっている。最近引っ越して来たインド人とブラジル人のご夫婦もよく料理を持って来てくれる。こうして食費が下がるのに（2万5000円／月）、食べるものは新鮮で美味しく、体も健康になっていく。時間もたっぷりある菊谷さんは、いつも家族で手作りの食事を共にし、「幸せですね〜」と穏やかに語る。ギターで歌を作り、家族で唄ったりと、なんだかいつも穏やかに楽しげだ。2年前に3人目のお子さんも生まれた。

妻の見裕希さんは契約社員として働いていたが、今は辞めて、菊谷文庫を手伝う。「自分たちがやりたいことをやって、楽しい仕事をしている姿を子どもたちに見せたいですね」と語った。今は誇りを持てる仕事を楽しんでいることの証だ。菊谷さんは**「いわゆる会社員的な暮らしをして中流的に生きていたけれど、いまは、子どもと料理を作ったり、絵を描いたりする時間もあり、貧乏なりの良さですよ」**と、淡々と語ってくれた。

Re:Road

ナリワイまで、どう道を歩むか！

■ナリワイまでの道のり

ナリワイにつながるRe:Life Cost／Re:Making Job／Re:Salesと書き続けてきたので、まとめも兼ねながらナリワイへの道のりについて触れたい。ナリワイの内容が決まったら、次の順番でことを考えて進めよう。

1）ひと月のライフスタイル基準金額をざっくり算定する
2）どこで、どうやって、どんなターゲットに売るのか想定する
3）ライフスタイル基準金額を得るのに、いくらで、いくつ売ればいいのか算定する
4）ひと月の労働日数を決める
5）1日単位にした時、いくつ売っていくらの売上になればいいのか算定する

6）開業からいつまでに軌道に乗せるか、理想にたどり着くゴールの期限を設定する
7）ゴールに至るまでの段階的ステップにも期限を設定する（バックキャスティング例：いつまでに○○できるようになる）
8）想定した段階的ステップ（技術の習得／備品の調達／広報手段の確立など）の期限までにその目標をクリアすべく、行動や実践を始める
9）ブログなどで積極的に発信する
10）顧客や取引先につながるようなネットワークを広げるために行動する
11）完璧に行き着いていなくても、ナリワイを小さく始めてしまう

■ナリワイは始めながら進める！

進めてゆく上で、開業設備投資は全体に小さめにしつつ、メリハリをつけることを忘れないでほしい。アレも必要、コレも必要と言っていたらキリがない。引き算思考で。そのナリワイに必須のものにはこだわりを持って調達し、それ以外のものは、中古品や譲り受けたものや代用品でもいいのだ。コストをかけない、もしくはかけられない、という条件だからこそ、創意工夫が生まれたり、代用品や代替アイデアを思いつく。発想を鍛えてほしい。業務のすべてを1人でできるオペレーションにしておく

ことも重要だ。人に安く仕事を依頼すればブラックになりかねない。

何かを習得するにも、お金を出して学ぶのもいいが、**お金をもらいながら学ぶ方法もある。**資格や塾や習い事では、お金を払っている故か、自分がお客さん気分になってしまう。授業中に眠ってしまうかもしれない。実習があっても、自分の予定を入れて休んでしまうかもしれない。しかし、お金をもらって学ぶ場合、眠いからといって居眠りすることはできないし、自分の都合で急に休むこともできない。雇い主に怒られる、お客さんが目の前で待っている、時給をもらっている、そうしたプレッシャーが否が応にも学びと習得を早めるのだ。もしブラックな職場だったり、嫌な人がいたなら、すぐ辞めればいい。最初から期限を設けて、自分の学びたい内容だけ得られたら辞めればいい。社員ほど責任はないのだ。アルバイトの特権である。

さて、一通り、準備ができたら、始めてしまおう、そのナリワイ。進みながら改善していけばいい。壁にぶつかってから改善すればいい。小さなナリワイなのである。看板を掲げたところで失うものはない。始めてみてもゼロかもしれないが、設備投資が小さければ、さしてマイナスにはならない。仕事が1つでも舞い込めばプラスになるのだ。そういう気楽な発想で始めてしまってほしい。学びだけで終わる人が多い中で、始めてしまうだけでも大きな一歩なのである。

Re:Stress ストレスや不安とどう付き合っていこう?

■他者からのストレスの解放

私たちはストレス過多な時代を生きている。人は生きている以上、何かしらのストレスを抱えながら生まれ、育ち、死んでゆく。**ストレスは無くそうとするのではなく、少なくし、仲良くすることだ。**程よいストレスや緊張状態は、かえって健康にも良い。ストレスちゃん、ありがとう、な感じだ。

だが現実はストレスが大きすぎて、鬱や病気や自殺にまで発展する。どう少なくし、仲良くするか。Re Work したとて、ストレスが無条件になくなるわけではない。大まかに言えば、他者から与えられるストレスから、自分で作り出すストレスに変わる。**自分で作り出すストレスなら、自分で調整できるに違いない。**

さて、ナリワイを始めて、軌道に乗るまではそれなりに不安がある、すなわちストレス。こればかりは軌道に乗るまで抱えてゆかねばならない。しかし、ある程度は低減できる。それは、低くなったライフスタイル基準金額であったり、家庭菜園だったり、田舎に移住していれば自給以外に、里山での山菜採りや海川での魚釣りや海藻採りだったり、ご近所からのお裾分けだったり、いろいろＤＩＹできることだったり。

■ナリワイには「断る自由」がある

次にナリワイが軌道に乗ってきてからのこと。初期の段階では、ある程度必死さも必要だろう。試行錯誤も必須だ。しかしその後もストレスを大きく抱えていたら、何のためにライフスタイル基準金額を算定し、売上に上限を設けたのかわからない。**せっかくだから、「稼がない自由」を謳歌しよう。**人はお金にはついつい弱いもの。嫌な仕事や、やりたくとも無茶や無理が予想できる仕事を依頼されて、ついつい受けようとしてしまいがちだ。安く買い叩かれてしまうことだってあるかもしれない。受ける、受けないは、時々それぞれの判断だが、長期的には自分の仕事をあまり安売りしないほうがいい。**それには「断る技術」と「断る自由」の切り札を使おう。**

勤め人だとしたら、上司や取引先の依頼を断れない。せっかくのナリワイ、断ることがあってこその醍醐味だ。その折、相手を評価し、尊重しながらお断りすれば、その後のお付合いに支障をきたすこともない。「あなた（御社）がやろうとしていることにはとっても共感して私も関われるものなら関わりたいのですが、今の私には力不足で、時間もなく、もしお引き受けしたら、自分も支障をきたすし、あなた（御社）にもご迷惑をかけることになるでしょう。あなた（御社）のされることを私はそっと応援するだけにさせてください」という具合だ。直感で、したくない、と思った仕事は、お断りしたほうがベター。そうして「心の自由」を謳歌してほしい。「稼がない自由」は「断る自由」も伴い、「心の自由」に貢献する。

勤めている人のストレスは、大きく分けて、上司とのストレスと数字に対してのストレスが大半だ。小さなナリワイでは、上司はいない。同時に部下もいない、もしくは少ない。もうそれだけでストレスは小さくて済む。取引先や関係者とのストレスも、「断る自由」のカードを切れば小さくて済む。

数字へのストレスをどうコントロールするか。売上に上限を持たすことで限定商売になり、数字が安定すると書いた。それでも商売とは、常にトラブルや変動があるものだ。売上が減った時、どうしたって不安になる。だから必死になる。そして余計なことをしてしまうことが多い。そんな時こそ、本業に付随することに磨きをかけることだ。いい商売なら必ず顧客が戻ってくる。磨きをかけ、信じることが大切。暮らしの場面での自給や採取やお裾分けやＤＩＹは、そんな時もストレス低減の助けになる。

■稼がないビジネスで、稼ぐ方法もわかる

売上に上限を、と何度も書いてきたが、売上を上げることが悪だ、と言っているのではない。先述したが、能力や才能や運や大金がある人は、ナリワイを大きくして雇用をつくることはとても素晴らしいことだ。伝えたいのは、大きくしなくてもナリワイは成立するものであり、小さいほうが持続可能性も高まるということ。もし盲目的に売上を大きくしてしまうと、最小人数で回っていた仕事が回らなくなる。労働時間を増やすか、人を増やすか、だ。労働時間を増やしてもいいが、限界がある。せっかく働き方を自ら選べるようにナリワイを始めたのに、プライベートが減り、労働の奴隷になってしまう。人を雇うようになったら、給料を払うためにもっと売上を高めなければならない。大きくなる時はたいてい、従業員は拡大する仕事に追いつけず、長時間労働になることも多い。競争が激しくなって、業績が厳しくなれば従業員の雇用条件を維持できないかもしれない。自らが従業員にストレスを与える存在になってしまう。意図せずともブラックな働かせ方になりかねない。

そうは言っても、ライフスタイル基準金額を超えて、収入を増やさなければならな

いことはありえる。人生には事故やトラブルがつきものだ。お金が過分に必要になることもある。子どもがどうしても学費の高い学校に進学したいと言った時、親としてできることをしたいと思うことだってあるだろう。親が老人ホームに入れば、その額を負担せねばならないこともあるだろう。

必要以上稼がない自由を選んでいて、そのコツがわかってくると、いざという時は逆にお金を稼ぐことに舵を切れる算段もつくようになる。上限を設けていたのだから、その売上を達成するのに、どれだけの労力が必要なのか、わかっている。食べ物を自給していれば、どれだけ畑や田んぼを大きくすれば、どれだけの労力でどれだけの量を収穫できるのかもわかっている。それらを体感してわかっていれば、必要になるお金を稼ぐ労力もわかる、自給やDIY能力アップでライフコストを減らして余剰を増やすための労力もわかる。

■労力と、売上を天秤にかける

そうして増える労力を見定めて売上アップかコスト低減かを天秤にかけることができるし、掛け合わすことの効果と労力も算段できるし、その限界も想定できる。要は、億万長者になるような稼ぎは不可能だろうが、ほどほどであれば稼ぎを増やす方法論を持ちうるということなのだ。だから、**稼ぎが必要な時は稼げば良いし、その必要が**

なくなったら、また元に戻せばいいだけの話になる。期間限定での労力行使を選択できるだろう。

当店で言えば、週に4日の6時間営業でいくら稼げるとわかっているので、もし収入を上げなければならないなら、週の営業を1日増やしたらいくら売上が上がってどれくらい疲れるかが想定できる。土日を休みにしているのだから、土日こそ開店すれば売上が取りやすいこともわかっている。お弁当やケータリングの依頼もたまに頂くが、今まではお断りして他社を紹介していた。それを今後はお引き受けすればいい。イベントを開催すればどれくらいの宣伝でどれくらいの人が集まるかも、経験でわかっている。限定商売をしていると、売上を上げる方法も身についてくるのだ。まさに、**「稼がない自由」と「稼ぐ自由」を往復できるわけだ。**こうしてナリワイにおけるストレスは、暮らし方も伴った形で自ら低減可能であり、調整できうる。

当店ではお客様同士で面白い会話が日々交わされる。ナリワイを始めた人が「もう勤め人には戻れない」とたいてい言う。すると、サラリーマンが質問する。生涯賃金はサラリーマンのほうが多い。定年後や老後をどうするの？　と。ナリワイ人はさらっと言い返す。**「死ぬ寸前まで働けますからね」**。ついでながら、もう1つ、ナリワイ人に向けてよくある質問がある。「ナリワイは雇用を生み出さないのでは？」。私は思う。ビジネスを大きくしてもいい、良質な雇用をつくるならなおいい。**しかし、ナリ**

ワイの後ろ姿を示すことで、後に続くナリワイ人を増やすのも同じくらい価値がある。経済規模では小さいが、社会的意義は大きい。自分の仕事の数を限定して、他のナリワイに分かち合う。奪い合いばかりに収斂する企業活動と、大企業のリストラが増してゆく世の中にあって、自分の仕事を減らして人に仕事を届けられる意義は、非常に大きい。事実、私の周りでナリワイを興す人達は、マスコミに取り上げられたり、地域で注目を集めるなどして、憧れの存在となり、次のナリワイ人を生み出す存在になっている人ばかりだ。インタヴューされるたいていのナリワイ人が「大きくなるつもりはない」という、そして「私のように自立してほしい」という。**ナリワイ人は雇用を作るのでなく、他のナリワイを作るのである。**

ナリワイとは、ストレス低減調整ができるだけでなく、ストレスを帳消しするほどに大きな喜び、達成感、感謝の念が生まれる。お客さんの顔が見え、ありがとうと言われ、誰かの憧れになる。自らに課すストレスなど、些細になるのである。

Re:Humanity 小さく生きて人間性を再生しよう

■人間性、壊されていませんか？

日本において勤め人の割合は今や9割。しかも巨大企業をトップにしてピラミッド型構造だ。みんな給料を人質に取られている。だから、少なくとも長時間の仕事に従事している間中は、自由な発言は抑制される。**言わない、言えないだけならいいが、言いたくないことを言わされることもありうる。**それは倫理的にオカシイ、と思っても、言えないどころか、かしこまりました、と頭を下げて忠誠を誓い、その指示実行に邁進しなければならない、異質なことを言うと変人扱いや冷遇されかねない、場合も多いのではないか。

例えば世論調査で原発に反対寄りの人が6～7割もいるし、憲法9条をそのままに、という人が5割以上だというのに、会社に行くと、原発はいらない、とか、9条は必要だ、などと言うと顰蹙を買うことすらあるだろう。なぜだろうか、この奇妙さ。巨大企業のおおかたや経団連が、与党や官僚と蜜月で、インチキな数字や論拠を並べ立てて原発再稼働や武器輸出を企てているから？　それで大儲けしたり利権に授かれる人が経済界を主導しているから？　なぜ金儲けの権化たちに媚びへつらわねばならないのか？　**雇ってもらい続けるには仕方ないからだ。**選挙においては組織票などというものがある。自分が所属する業界団体に便益や利益を誘導してくれる立候補者や政党に、投票しろと指示されるものだ。個人の尊厳が蔑ろにされるだけでなく、民主主義を冒瀆しているのではないか。

日々の業績不振の中で、人は減らされ、残った人は仕事が増える。ルールや指示が増え、会議も増えれば、書類も増える。労働が長時間化する。**それらの矛盾や無理難題に、「ノー」は言えない。**改善案や代替案を出そうにも、上司や会社がそれを受け入れる余裕もない。1つの職場には、正社員と派遣社員と契約社員と請負社員とアルバイトと……、何種類もの雇用形態の人たちが待遇もバラバラに混在にされ、指示系統も責任所在もバラバラであり、互いが互いに不満を持ち合って、職場の一体感など幻想で実際はバラバラ。そりゃ、どんな人もストレスが溜まり、人間性を奪われる。

■時間があれば、社会のために動ける

だからこそRe Workである。Re Workでは、労働時間や労力を自分で増減管理できる。労働対価と有限時間を天秤にかけて、後者を選択する機会が増えるのが当然だ。**人は時間が増えると何に充てるか。家族との時間や自分のための時間になる。それも充実すると次に何に充てるか。社会活動になる。**自ずと社会に目が行き、子どもたちや未来世代に目が行き、地域で困っている人たちに目が行き、それが高じて政治の問題や世界の問題にも目が行く。そして地域での小さな活動や取り組みが、インターネットを通じて他地域と共有化されて、政治や経済や社会をダイナミックに変えてゆく時代に入っている。

よくよく調べると、社会的で政治的な変化や改善は、地域の小さな取り組みの成功例を汲み上げていたり、小さな無名の人たちの署名活動や陳情やロビイングが発端になっていたりする。最先端は現場で、政治が一番遅れているわけだ。ニュースだけ見ていれば政治決断が始まりのように見えるが、それは間違いであり、そこに至るには多くの小さき人の物語が隠されているのである。社会を変えてゆくのは政治家や経済人や官僚であろうか？　彼らの仕事は利権を維持しようとすることに腐れ落ちている。

競争に勝ち残りなさい、と教育を受けてきて勝ち残った人たちは、自分の組織の勝

ち残りには奔走するだろうが、負け溢れた人たちのために邁進してくれるだろうか？そもそも既存の業務に忙しくて、他者に目を向ける余裕などない。それは企業人とて同じこと。自分が負け溢れて初めて、この社会の不条理に気づくのである。加害者や傍観者でいる時には気づかず、被害者や弱者になって初めて知る。

■組織にいなければ、自由に発言できる

ナリワイを興したり、自給して食べ物を自身で調達できる人たちは、経済成長というシステムの奴隷から離脱して、上司や会社や業界などと無縁になり、好きなことを発言したり、表明できる。ピラミッド構造に依存していないからである。それこそが自由なのだ。そして人間性の回復なのだ。時間のゆとりが知見を広げる機会になり、社会活動へと身を投じる余裕にもなる。**問題意識から行動する人と、ピラミッド構造の中で利権にしがみつく人と、どっちが世の中に素晴らしい提言や変革を起こせるだろうか。**自ずと知れている。すべての変革はマイノリティーから始まる。マジョリティーは現状維持に満足していて問題意識すら持たないのだから。

■社会活動する人の、幸福度が高いのは当たり前

社会活動する人は幸福度が高いと言われる。健康と長寿にも寄与することが最近の

調査で明らかになった。研究などしなくても、考えれば当たり前のことである。**自由にモノを言い、ストレスが小さくなる。自分の信じることを行動する。日々体を動かす行動は日常動作能力を高めたり維持する。自己肯定感が強くなり、前向きになる。社会貢献や感謝されることは人の喜びや生きがいになる。**いろんな人と横の関係で出会い、協働する機会になる。協働は信頼になり、助け合いのセーフティーネットや安心につながる。活動そのものが様々に派生して楽しみや生きがいになる。これだけもってしても、社会活動が幸福と健康に寄与することは想像できる。

都会から田舎に移住してナリワイを興した何人かの具体例をご覧頂いたが、それを見てもらっても、社会活動に関わるようになるのが自然なことだとわかるだろう。

人や世の中のために行動し、健康になり、幸福を感じることができる。これこそが人間性であると思う。選択肢にまだ気づいてないがゆえに、大企業に依存し、雇用と給料に依存し、カネの奴隷にならざるをえずに悩んでいる人は、世の中を見渡して真実を見極める余裕なく、健康改善への知恵と時間も得られずに病院任せや薬任せやサプリメント任せになり、仕事に翻弄されてストレス過多に陥り、幸福度が低い。仕事に重きを置き、会社に忠誠を尽くし、長い時間働き、ストレスを抱える。これは日本人の昔からの特性なのだろうか？

■かつての日本人の清々しさ

１６０年前、幕末の開国で外国人が日本にたくさん訪れた。彼ら外国人が見た日本の庶民の働き方や暮らしに関する記述がたくさん残っている。それらを見てゆくと、**かつてこの国に住んでいた民が、どれほどおおらかで清々しかったか垣間見られる。**

一般的には江戸時代の印象は、幕府の圧政で身分制度が厳しく、何度も飢饉があり、貧しかった、というものでなかろうか。しかし、そうでもないらしい。かといって江戸時代をやみくもに礼讃するつもりはない。今の時代と比べてたくさんの問題があったのは事実である。それを考慮してもなお、なんだか人間性豊かに暮らしていたのではなかろうか。渡辺京二氏の著作『逝きし世の面影』（平凡社ライブラリー）から、当時の外国人が見た日本人の印象を抜粋しよう。

「誰の顔にも陽気な性格の特徴である幸福感、満足感、そして機嫌のよさがありありと現われていて、その場所の雰囲気にぴったりと融けあう。彼らは何か目新しく素敵な眺めに出会うか、森や野原で物珍しいものを見つけてじっと感心して眺めている時以外は、絶えず喋り続け、笑いこけている」

「人々は楽しく暮らしており、食べたいだけは食べ、着物にも困ってはいない。それに家屋は清潔で、日当たりもよくて気持がよい」

「気楽な暮らしを送り、欲しい物もなければ、余分な物もない」

「金持ちは高ぶらず、貧乏人は卑下しない。……ほんものの平等精神、われわれはみな同じ人間だと心底から信じる心が、社会の隅々まで浸透している」

「日本人の働き手、すなわち野良仕事をする人や都会の労働者は一般に聡明であり、器用であり、性質がやさしく、また陽気でさえあり…（中略）…彼は勤勉というより活動的であり、精力的というより我慢づよい。日常の糧を得るのに直接必要な仕事をあまり文句も言わずに果たしている。しかし彼の努力はそこで止る。…必要なものはもつが、余計なものを得ようとは思わない。大きい利益のために疲れ果てるまで苦労しようとしないし、一つの仕事を早く終えて、もう一つの仕事にとりかかろうとも決してしない」

大都市・江戸の人々は長屋住まいでも間口や道端や屋根にまで鉢に緑を植え、菜園都市だった、という外国人の記録もある。**江戸の商人や職人は1日に4時間程度しか働かなかったという。**朝飯前に近所両隣の役割を分担してこなし（朝飯前の仕事）、午前中で自分の稼ぎのためのナリワイに励み、午後は町のために ボランティア活動し、夕から個人として楽しむ。お百姓さんは冬季はロングバケーションであり、詩吟を楽しむ時間や内職に励む時間にも充てられた。

■かつては百姓がナリワイ、多くが半農半Xだった

当時は9割がお百姓さんで、当然、人馬しか動力がない時代だから、お百姓というナリワイで3家族分程度の農産物を作っていたと言われている。武士も禄《ろく》が小さい者は自給していた。そして都市に住まう人々も、緑を愛し、花や作物を育てていたということだ。宵越しの金を持たない江戸の人々は、金がなくなると、近郊の農村に出向き、今でいうアルバイトをし、こづかい程度の宵越しの金を得たという。

要は、9割以上の民が直接間接に農や土に携わり、かつ、個人自営業だったのだ。たった150年前の話である。多くが半農半Xであった。そして自給経済が満ちている分、貨幣経済は小さくても幸福度が高かった。100のことが自分でできる、という百姓という言葉のごとく、多くのことが自分でできれば、それ以外のできないことだけ他のナリワイに依頼するためのカネを稼げば充分だったのである。**今でいう、経**

済成長やらGDPアップなど全くなくても、幸福や安心や平和を成しえたわけだ。

江戸の人々は、プロ意識は高くとも過分な利益のために働かないし、長時間労働もせず、世話好き社会貢献好きで、宵越しの金を持たず、ナリワイ同士で気前よくお金を使い、身分制度があれど平和が満ちていて、見知らぬ人にも通りすがりに挨拶をし、食や文化は豊かなのに、モノは少なくシンプルに暮らし、気楽で陽気でおおらかでいつも笑っていて、自然に寄り添い、自然を愛していた……ということのようだ。今、思わされている日本人気質とは随分ずれている。富国強兵・殖産興業の過程でこの国にかつて住んでいた人々の本来の気質を変えられてしまったようだ。いやはや、戦後の高度経済成長も原因だろう。

■セーフティーネットとしての地域コミュニティ

江戸時代に戻ろうなどというのはナンセンスだ。しかし、あの時代の世論調査や統計などはないが、おそらく幸福度は高かったに違いない。ヒントがある。それがナリワイと自給なのだ。そしてもう1つ書き加えるなら、**セーフティーネットとしての地域との互助の関係性である。人間関係資本ともいう。**

経済成長とは、人間関係資本をバラバラにすることでもあった。地方から都会に人を、農地から産業に人を、3世代家族構成を核家族に、個人部屋を促して家族団欒を分散に、地域への依存を消費への依存に、社員というコミュニティを非正規との混在に。確かにどれもこれもGDPアップや経済成長に貢献した。しかし人は孤立するようになった。だから失われた人間関係資本を「Re」する必要がある。それはかつての閉ざされた農村社会をイメージするものではない。地域に根ざすものが基盤ではあるが、同じ問題意識を持ちながら、その改善に取り組む他地域の人々との個人的連携や、インターネットを通じての世界中の人々との連携もある。

■「地域」と「知域」

いくつもの多層的な人間関係資本が成り立つようになった。それを「知域」と呼ぼう。**地域と知域が多層的なレイヤーで複数の人間関係資本やセーフティーネットを構築してゆける時代なのだ。**カネに依存しない分を、顔の見える複数のレイヤーの人間関係資本で紡ぎ直す。

そうは言っても現代の孤立化した世の中においての人間関係資本は、学生時代の友人か会社仲間しか作りえない。それがカテゴリー内の狭い世界観であり、心もとないことは明確だ。ではどこで手に入れればいいのか。実は、ナリワイ、自給、社会活動など、それぞれの取り組みと実践こそが人間関係資本の「Re」への近道だ。

■ナリワイ＋自給＋社会活動で人間関係資本を取り戻す

私の例で言えば、サラリーマンを辞めた後、２００３年のイラク戦争開戦を止めたい一心で社会活動を始めたことがキッカケで、職種や年齢や地域を超えて多くの面白い魅力的な人たちと出会うことができ、それは未だに濃厚な関係につながっている。平和の分野だけではない。環境の分野、政治の分野、弱者支援の分野、貧困格差の分野、食の分野、地域活性の分野、ナリワイ起業の分野など、多岐にわたったレイヤーで社会活動のネットワークやコミュニティに無意識的、無形的につながっていて、随分と助けられてきた。Ｂａｒというナリワイを興した時には、学生時代やサラリーマン時代の知人もたくさん来店してくれたが、長く来続けてくれる人や気にかけてくれている人は、社会活動を共にした人たちだ。社会を良くしたいという共通項で深く結びついているからだろう。

Ｂａｒというナリワイが続いてくる中でも、お客さんという関係から一歩踏み込んだコミュニティも生まれてくる。それもＢａｒに訪ねてきてくれる目的によって、たくさんのレイヤーになる。田んぼを始め、自給するようになり、ＮＰＯを始めると、大地に根ざした地域のコミュニティも形成されてきた。今、私はあまり不安がない。

収入は日本人平均より遥かに少ないが、自給や採取という自然関係資本に加えて、これだけの人間関係資本に支えられているからだ。そして事実として、人間関係資本からたくさんのサポートや手助けを頂いてきたし、今後も助けられてゆくだろう。**もしそれらの互助をカネに換算したら、数千万に値すると思う。**ほぼ無償で800坪もの土地を貸してくれたり、広大な農地をお借りしたり、木材や動力機械を無償で貸してくれたり直してくれたり。週刊誌に事実無根なことを書かれた時も、田んぼに通ってくれている弁護士さんが助けてくれた。私がそれらの恩に報いたりお返しできているのだろうか心配だが、この関係性こそが安心を得ると共に感謝の念を生んでくれている。絶対にサラリーマンライフだったら成しえなかったものだ。

私は人から幾たびも「いつも自然体ですね」と言われる。自分自身としてはセカセカして気張っていることだって多々あると認識しているのだが、もし他所様が私を、「おおらか」だとして見てくれているなら、それはカネがあるからではない。実際、そんなにない。**お米を作れる自信と、生涯続け得るナリワイをしてこられたこと、それに加えて大きいのが、人間関係資本なのである。**

人間性を取り戻そう。Re Work して取り戻そう。

第6章

Re:
Economic
Growth

経済成長という神話
カラクリの謎を解く

Re:Economic Growth
経済成長という神話 カラクリの謎を解く

■給料は減らすが、売れ、買え！

経済成長神話はもう成り立たないから、Re Life, Re Work しよう！ と、ここまでページを割いてきた。この章では、経済成長という神話を信じ続けると、生きる基盤がもっと壊れてゆくことを示したい。**私たち庶民のお金が、大企業に吸い取られてゆくカラクリの物語である。**

テレビを見ても、ラジオを聞いても、新聞を読んでも、電車に乗っても、ドライブしても、歩いていても、ネットを開いても、広告宣伝が目に飛び込む。「どうこれ。欲しいでしょ⁉」「買え、買え、買え」と熱く語りかけてくるが、懐は寒い。

1990年代前半にバブル経済が弾けて、実質賃金は1996年をピークとして少しずつ下がり続けてきた。アベノミクスが始まる２０１３年からは、毎年の下がり幅がさらに大きくなった。アベノミクスの最初の２年間で年収１０００万円を超えた人が13万人増えた。総数としては１８５万人で全体の３・９％。その一方で、年収２００万円以下に陥った人は29万人も増えて１１１９万人。直近ではさらに約20万人も増えて１１３９万人で、全体の25％近くにもなる。**働く人の４人に１人が２００万円以下。一部の人を除いて、ほとんどの人が収入が下がっている傾向だ**（「東京新聞」）。

労働者の40％が非正規雇用。介護士や保育士の平均給与は21万円。子どもの貧困率は約17％で、子どもの６人に１人が所得１２０万円以下の家庭で暮らしている。金融資産ゼロの２人以上の世帯は31％、単身世帯では48％にも上昇していて、預貯金がない人がこれからも増えていきそうだ。大学生の約半分が貸与型奨学金で、卒業したら数百万の借金を背負いながら社会に出る。こうして、どんどん暮らしが厳しくなる。なのにマスメディアも産業界も政府も「もっと買え」と迫る。

見方を変えよう。働きに出ていれば毎年／毎月／毎日の売上目標が指示される。すべては前年対比だ。**去年より低い目標になることは、まずない。常に右肩上がりの目標。**誰も必死だ。相当頑張っている。頭フル回転して。失敗繰り返して。電話しまくって。メール打ちまくって。企画書作って。プレゼン凝らして。靴底減らして。冷や汗かいて。頭を下げまくって。飯も食わずに。終電まで。しかし、今日もダメだった。明日どうだろうか。売れるだろうか。実際はどんどん右肩下がり。だから、反省と戦略の毎日。書類が増える。会議が増える。作戦が増える。変更が増える。叱責が増える。残業が増える。不満が増える。ストレスが増える。愚痴が増える。苦悩が増える。シワが増える。白髪が増える。ハゲが増える。体重が増える。深酒が増える。深い闇が増える。そんなネガティブだけを残すのが前年対比アップの右肩上がりの目標である。

■トリクルダウンという妄想

「経済成長」でトリクルダウン。25年くらい前まではそういうことがあった。企業が儲かれば、庶民の給料も上がった。**しかし、この25年間、トリクルダウンは起きていない。**２００２年から２００７年にかけての戦後最長の好景気なんて言われた時も大企業は儲けていたが、庶民の実質賃金は下がり続けた。２０１２年から今に至るアベノミクスでも、企業が儲かっていても、相変わらず庶民の実質賃金は下がり続けていて、トリクルダウンがない。**企業の内部留保はアベノミクス前の２７３兆円から４年間で３７８兆円へ１００兆円以上も増えた。**１００兆円といえば、国の一年の一般会計の額に等しい。一方、従業員給与総額は、アベノミクス前の28・77兆円から28・01

兆円へと7600億円減った。**企業が儲けても、働く人の給料に落とさないという現実。**国家予算に匹敵するほどのお金が増えたのにトリクルダウンが起きない。だとしたら、あとどれくらい儲けたら、トリクルダウンが起こるのだろう？　トリクルダウン神話、いつまで信じるのだろう？

今の世界の経済システムでは、トリクルダウンが起きる構造はなく、それはとっくに終わった昔話。経済成長を目指すほど一握りの人だけ儲かり、中流所得層は激しい競争にさらされて脱落してゆき、低所得層がダントツに増える。底広がりの格差だ。現実が証明している。それなのに、いまだに経済成長を目指す、という不幸への道を歩もうとするのが、政治界と経済界。テレビに出るような経済学者も経済成長のための諸説を語るが、当たったためしがない。

■GDPと幸せは関係がない

例えば、政府が言う二つの言葉、〝GDP600兆円を目指す〟と〝一億総活躍社会〟。現在（2015年）のGDP約500兆円から、2020年までにプラス100兆円もの経済成長を目指すという（＊2018年で533兆円。2020年に60兆円の目標は到底難しいだろう）。しかしお膝元の内閣府では、労働力をフル活用しても0・4％の成長が限界と推計しているのに⁉　なんだかマヌケだし、ペテンでない？　それとも気合と根性があればできるのか？　1968年に暗殺されたアメリカ大統領候補のロバート・ケネディは生前に以下の演説をした。

「GDPには、大気汚染や、たばこの広告や、交通事故で出動する救急車、ナパーム弾や核弾頭、街で起きた暴動を鎮圧するための武装した警察の車両、玄関の特殊な鍵、囚人を囲う牢屋、森林の破壊、都市の無秩序な拡大による大自然の喪失、ライフルやナイフ、子どもにおもちゃを売るために暴力を美化するテレビ番組、も含まれている」。**GDPが増えるからといって幸せな社会になるとは限らない**ことをケネディは約50年前に言い当てた。そのGDPを凄い勢いで上げようと、政府は言うのである。またもやその政府のお膝元の内閣府の調べによると、**1人当たりのGDPが増えるにつれ、生活満足度は1990年以降ずっと下がり続けていると公表している。**GDPが上がるほど、生活満足度が下がるという現実。500兆円から600兆円にGDPを増やすということは、今より1・2倍も生活の満足度を下げて不幸になろう！　と言っているように聞こえる。

加えて「一億総活躍社会」を目指そう、と。するとどうだろう。なんだか国民一人一人が活躍できるように成長し、誰もが経済に貢献しなければならないような気がしてしまう。事実、『『日本再興戦略』改訂2014――未来への挑戦」という安倍首相が議長を務める産業競争力会議の政府文書には、「日本の『稼ぐ力』を取り戻すために（中略）経営者をはじめとする国民一人一人が、『活力ある日本の復活』に向けて、新陳代謝の促進とイノベーションに立ち向かう『挑戦する心』を取り戻し……」などと書いてある。日本にかつてあった「稼ぐ力」「活力」「挑戦する心」が失われたので、それを取り戻さねばならないらしい。経済成長できない理由が「稼ぐ力」「活力」「挑戦する心」？　今だって随分と稼ぐために頑張って挑戦していないか？　本当にそれらが元々あったのか、あったとしたら失われたのか、なんの根拠も見当たらない。単なる気合論にしか思えない。**経済成長できないのは、売れないし、買えないし、もう頭打ちだからであって、気合や根性や努力の問題ではない。**根拠のない根性論は、戦争中の神風特攻隊や、爆弾に竹槍で対抗しようとしているのと、さして違いない。考え違い甚だしく、笑うに笑えない。

トリクルダウンは起きない。これ以上頑張って、上から滴り落ちてくるご褒美を待って、両手を胸の前に出していても、お上から貰えるのは、更なるムチなのである。

Re:Trickle-Down Effect
トリクルダウンとは逆のことが起こっている

■庶民が狩り場になってしまう

　トリクルダウンはこれからの時代、求めても求めても滴り落ちてこない。永遠に起こらない。降りてくるのはムチと困難だけ。**実は「逆トリクルダウン」が起こっているからだ。**世界中の市場拡大には限界が近い。残るはアフリカ大陸の一部くらいだろうか。だから世界中で経済成長ができないのだ。他所を探しても狩り場がもうない。他所にないなら、今ある場所を狩り場にしないと経済成長できない。今ある場所とは？　**それぞれの国の庶民である。**途上国でも、先進国でも、格差拡大がクローズアップされる。アメリカもイギリスもドイツも中国もロシアも、それ以外のどこの国々も。

■逆トリクルダウン例1　人件費引き下げ競争

20年くらい前までは、先進国は途上国から富を吸い上げていた。これがいわゆる「南北格差」。20年前くらいからグローバル化が加速度的に進んだ。先進国の企業は、世界中の企業と争わねばならなくなった。だから安い人件費の途上国へ生産地を移した。すると先進国の中で働いていた人は、海外の安い人件費に引きずられて賃金が下がるか、仕事そのものがなくなる。

途上国では、先進国の企業の進出で一時的には仕事が増えるが、劣悪な働かせ方なため、労働者が雇用改善やよりましな給与を求めることになる。結果、企業はもっと安い人件費を求めて、違う国に出て行ってしまう。**こうして、先進国でも途上国でも人件費引き下げ競争になってゆくのだ。**生き残った企業は人件費が下がった分、競争力を増し、利益が出て、内部留保する。こう書くと、企業が悪者のように聞こえるだろうが、そうとも言い切れない。**企業は企業で、グローバル経済を生き抜くために、他社に負けられない。**世界の市場が大きくなってゆくのであれば、どの企業も拡大できる可能性があるし、新しい企業が参入できる余地も生まれる。けれど、世界の市場が飽和している中では、他社からパイを奪うか奪われるかの苛烈なサバイバル競争。人件費を上げるなどの余裕はない。いつか来るピンチのために内部留保を溜め込むことになる。

経済成長の３つの要因は「労働人口」「設備投資」「生産性」と言われる。日本は労働人口が今後もどんどん減ってゆく。50～60年後には半減する。設備投資は、市場が飽和している中で期待できない。劇的な発明もないだろう。「生産性」に経済成長を期待する識者が多いが、生産性など、そうそう上がらない。生産性が上がると労働者がリストラされるのがオチだ。結果、人件費カットが利益確保の切り札になってしまう。

人件費を下げて企業は利益を上げる。売上拡大が難しい中、たどり着く帰結。だからトリクルダウンなど起こるわけもない。企業が儲かれば庶民にも利益がこぼれ落ちてくるのがトリクルダウンだが、それが逆になっている。庶民の多くが貰うべき小さな報酬を、企業が吸い上げているのだから。

これって、逆トリクルダウンでない？

■逆トリクルダウン例2　資本主義ルールって？

20年くらい前から、大企業でも経営破綻する時代が来た。資本主義のルールは、市場で失敗したら、市場から撤退すること。しかし大企業ほど、経営に失敗しても税金で補填されたり、政府保証を担保に再生される。例えば1990年代初頭のバブル崩壊後、ほとんどの大手銀行は巨額の不良債権を抱えて経営が持続不可能になった。そして60兆円もの公的資金が投入された。公的資金って税金でしょ！

日本航空、ダイエー、カネボウ、そして東京電力など。雇用の安定とか、社会の安定とか、公共性の確保とか、理由付けはわかる。しかし、それでは資本主義のルールを侵している。なぜ、国民の税金を使って大企業を救済するのか？　私の店は仮に倒産しようとも国は救ってくれないし、救って欲しくもない。**庶民の多くが汗水垂らして働いて払った税金を、市場で失敗した大企業が横取りして再生する。**

これって、逆トリクルダウンでない？

■逆トリクルダウン例3　法人税

昭和の終わりころ、法人税の実効税率は45％程度だったが、とうとう20％台に入った。アベノミクスの4年間での下げ幅が特に大きく、10％近く下げている。「日本は法人税が高い」「このままだと企業が海外に出てしまう」などと法人税減税キャンペーンが声高にされてきた。自民党と経済界は仲良しである。経済界の要請に答えて、アベノミクスでは急激な減税を実行したのだ。しかし実際は、大企業で実効税率を満額で払っている企業は皆無。納めている税金は平均で22％程度。実質の法人税はそもそも高くなかった。80以上ある租税特別措置を組み合わせて、税を免れているから。**加えて、赤字企業は税を免れることもあり、日本では全法人の3分の2が税金を払っていない。**

世界一とも言ってよい自動車会社のトヨタ。2008年度に約4600億円の赤字を出したので、その年は税金を納めなかった。2009年度は約1470億円の黒字、2010年度は約4680億円の黒字、2011年度は約3560億円の黒字。2012年度は約1兆3210億円の黒字、2013年度は約2兆2920億円の黒字、というV字回復をした。しかし、赤字後の翌年から黒字化したにもかかわらず、5年間も税金を納めていなかった。**租税特別措置があるから。**法人税制で赤字決算だと赤字額を5年間繰り越せるのだ。さらに、2009年から「外国子会社からの受取配当の益金不算入」という租税特別措置が導入された。トヨタは2000年代から海外子会社での販売にシフトし、2009年直前に海外販売が急増したタイミングでこの税制が導入されている。自民党への献金額順位は、業界団体1位は社団法人日本自動車工業会で8000万円、企業ではトヨタが1位で6000万円（＊2017年）だ。

先にも述べた大手銀行は不良債権処理のために公的資金投入で救済された後、20年近くも黒字を重ねてきたのに、2013年まで税金を軒並み払っていなかった。りそなホールディングスは18年ぶり、三井住友銀行は15年ぶり、三菱東京UFJ銀行は10年ぶり、とのこと。2013年、みずほ銀行は実効税負担率3・41％、三菱東京UFJ銀行は実効税負担率12・46％。当時の実効税率の37％はおろか、平均の22％にも遠く及ばない。ちなみに2013年、ソフトバンクは789億円の純利益を出しながら、500万円（実効税負担率0．006％）しか税金を納めていない。ユニクロは757億円の純利益を出しながら、52億円（実効税負担率6．92％）しか税金を納めていない。アマゾンは税金を1円も納めていない！

法人税減税の総額と消費税増税の総額がまるで一致するという計算もある。法人税減税で減った財源を、庶民が負担している現実。

これって、逆トリクルダウンでない？

■逆トリクルダウン例4　タックスヘイブン

2016年に世界を揺るがしたスクープがあった。パナマ文書。税金・税率が低いパナマに本社や子会社などのペーパーカンパニーを置き、そこを通じてお金をやり取りし、税金を逃れていた会社や個人を暴いたものだ。タックスヘイブン（租税回避地）という。

タックスヘイブンは、パナマだけに限らない。世界中に散らばっている。一番有名なのがケイマン諸島だろうか。他にはシンガポール、香港、アイルランド、マン島、シティ、ドバイなど、40～50の国や地域にある。日本は、アメリカに次いで二番目の55兆円をケイマン諸島に投じているとも言われる。日本から毎年、100兆円がタックスヘイブンに流れているとも言われる。実態はわからない。しかし、日本がそこに税金をかけることができたら、最低でも5兆円になるという。

超富裕層や大企業が、お金を海外に流して隠し、税逃れする。**違法というわけではない。しかし、モラルに反しないだろうか。**世界で自由にヒト・モノ・カネが移動するにはインフラが必要だ。それらを造り、維持するには、それぞれの国の税金が使われている。利益に準じた負担を担わずに、それらを使って恩恵だけ受けて、責任や義務を果たさない。

2016年8月、EU(欧州連合)はアップル社の未払い税金約1兆5000億円を徴収するようにアイルランド政府に命じた。タックスヘイブンに逃がしていた金だ。EUは他にもグーグルやアマゾンやフェイスブックの調査を公言して進めている。**タックスヘイブンで隠されたお金や取引は税負担を免れる。その足りない負担を庶民が補填する。**

これって、逆トリクルダウンでない?

■逆トリクルダウン例5　援助やODA

他国の貧しい地域や人に国として援助する。それはある程度必要なことだ。その最たるものにODA(政府開発援助)がある。無償援助と、円借款と言われる有償援助があるのだが、日本の有償援助は他国より遥かに大きくて問題だ。円借款の有償援助はＪＩＣＡ（国際協力機構）の自己資金が主だが、国の一般会計からも支出される。ＪＢＩＣ（国際協力銀行）は政府が全額出資する銀行で、途上国の石炭火力発電所建設などに融資しているが、人権侵害や環境破壊に及んでいる場合が多い。**要は、庶民の税金を使って、貧しい国に不要な事業で借金を負わせることになる。**

そして今では、先進国から途上国への援助額よりも、途上国から先進国側への返済額のほうが上回っている。日本においても同じである。要は、貸し付ける額よりも利息をつけて返してもらっている額のほうが大きい。低利といえども額が額だけに利息だけでも大きな負担になる。それは援助と言えるのだろうか。貧しい国の庶民の税金から先進国の日本が利益を巻き上げていることである。だから途上国は永遠に途上国から抜け出せない。

最近、安倍政権が大きな円借款事業を発表した。インドの新幹線建設に１兆４０００億円。パナマのモノレール建設に３０００億円。ここで気づくことがある。途上国で新幹線やモノレールの建設が経済に貢献することは理解できるが、貧しい人や地域への貢献になるのだろうか⁉　新幹線もモノレールも、途上国の企業とその技術で作られるわけではない。日本企業が進出して作るのだ。おやおや？　そうすると、現地の企業や人に仕事と利益が行くのでなく、日本の企業に利益をもたらす事業になる。つまりは、日本の庶民の税金から出される円借款での事業を、途上国の地で日本企業が請け負うことになる。あれ？　庶民の金が日本の大企業の利益に回されているだけ？　**原資は日本の庶民からで、返済は途上国の庶民から。**恩恵は日本の企業に。新幹線やモノレールに乗ることができるのは、比較的お金がある人たちだけ⁉　それって貧困や飢餓の改善に役立っている？　ちょっとオカシクない？

こうやってODAを使って日本企業に利するよう、途上国にダムや発電所や高速道路や工業地帯をたくさん作ってきた。いわゆる**「ひもつき援助」**。日本企業が事業を請け負うカラクリになっていて、日本の政治家と企業の利益、及び、途上国の権力者の汚職につながっている。

それらの多くの事業が、貧困や飢餓の撲滅につながっていない。むしろ逆で、飢餓や貧困を作り出し、テロリストまで生むのだ。事業で開発する土地や森を不当に奪ったり、その地を奪われる人たちの反対運動を「テロリスト」扱いしたり、暮らしを奪われた人たちが都市のスラム街に行かねばならなかったり、様々な問題の連鎖が起きている。人生を翻弄される人々が本当のテロリストと化すこともあるだろう。日本企業がその国の環境規制が少ないことを理由に汚染物を不当廃棄したり、労働規制が緩いことを理由にブラックな働かせ方をさせているという報告も多々ある。

要するに、**庶民の税金が途上国を迂回して日本企業の利益に回り、融通した政治家の懐が温まるカラクリ**。あれれ、庶民の税金を使って貧しい人や地域に援助するのが筋なのに、恩恵を受けるのは日本企業と政治家だって！　借金は途上国の庶民が払い、それが滞れば、日本の庶民の負担にもなりかねないって。しかも、援助どころか貧困やテロリストを生む温床になるって！

これって、逆トリクルダウンでない？

■逆トリクルダウン例6　壊して作る

2003年、イラクが大量破壊兵器を所有しているなどの口実（実際にはなくて、英米では過ちだったと検証が行われたが、日本政府はいまだに過ちを認めず正当化している）で、アメリカを中心とする多国籍軍が攻撃を開始した。日本では、およそ6割の人々が反対だったが、多国籍軍に加担する形で自衛隊を派遣した。

その頃だったろうか、ある雑誌が大手企業の経営者100人にイラク戦争の是非を問うアンケートがあった。**なんと99社の経営者が賛成していた。**国民の6割が反対で、経営者はほぼ全員が賛成。どうも奇妙だ。経営者の中には優れた人格者も多々いたのだが？　イラクへの侵攻を経た3ヶ月後、イラクにて復興事業の入札があった。**日本企業も大手商社や大手通信業者など、ほぼ全社がコミットしていた。**

イラクで普通の暮らしをしていた人々の上に爆弾を落とし、ビルや道路や橋や電力施設や水道施設を壊す。そして外国企業が入って新たなそれらを建設する。「戦争は反対だ」などと企業が言ってしまったら、破壊して新たに登場した大きな市場に入れないかもしれない。するとの競合他社との競争で不戦敗になってしまう。グローバル経済の中で生き残れない。経営者はプライベートでは**「人を殺してはいけない、モノを大切にしなければいけない」**という良識者だとしても、会社の株主と従業員のためには**「人を殺し、モノを壊す」**ことの賛同者になったということだ。イラクはいまだに平和から遠ざかるばかりだ。

人のいのちや暮らしを奪い、インフラを破壊し、世界を股に掛けることができる大企業が復興事業で利益を受け取る。一方で、不条理が生まれ、貧困が生まれ、憎しみが生まれ、ＩＳやテロリストが生まれた。世界の治安はますます泥沼化している。とうとう日本人もテロリストに殺害されるようになった。日本国内でテロが起きるのも時間の問題かもしれない。日本人のいのちと財産が標的になった。大企業は儲けて、治安や人のいのちが奪われる。

これって、逆トリクルダウンでない？

■逆トリクルダウン例7　構造調整プログラム

　コーヒーが毎日の潤いをもたらしている、なんて人も多いだろう。とても低価格で飲める庶民の宝。ところがなぜ、世界中でこんなに安くコーヒーが飲めるのだろうか？

　世界銀行とＩＭＦ（国際通貨基金）は、第二次世界大戦後にもう二度と悲惨な戦争をしないように作られた国際機関。ところが世界平和に貢献するどころか、**途上国において人々の暮らしに必要な水や食料や小さなナリワイ、教育や医療などの福祉、雇用を担う国営企業や基幹産業を奪ってきた。**

　経済危機に陥った国を救済する場合、世界銀行とＩＭＦがお金を融資する代わりに、その国に強制的に押し付けるのが構造調整プログラム。借金返済を優先させるためにいろいろと注文をつけるのだ。国内だけで経済を回していては、借金を返せるような儲けは出ないだろうから、国が使う教育や福祉のお金を減らして借金返済にあてろ、減らした分野の事業を海外企業に受注させろ、関税をなくして輸出入を増やせ、などというわけだ。

　例えば、国家予算を削減させるために、医療や教育を縮小させる。すると教育水準が下がり、健康保険などが手薄になる。手薄になった医療に関しては営利目的の外国医療が入り、富裕層しか医者にかかれなくなる。例えば、国営企業を営利目的の外国企業に売却させたり、公共事業に営利目的の外国企業が参入できるようにする。

水道や電気など低価格な公共サービスが、海外の営利企業に独占されて値段が上がる。低所得層は水すら手に入れられなくなる。国営企業だったから保たれていた労働者の賃金は、営利重視の外国企業の参入で、効率化のもと賃金や労働環境が悪化し、人員削減が行われる。国内の基幹産業がグローバルな外国企業と競争を強いられ、潰される。金融自由化や為替が導入されて、基軸通貨が不安定になる。貿易関税の撤廃で、海外からの輸入品が流通し、安い外国産製品が入ってくるようになれば、国内の製造業がどんどん潰れる。巨大な外資スーパーができれば、地域のスーパーや商店街や個人商店が潰れる。仕事を奪われた人たちが外資の工場やスーパーに雇われて低賃金の劣悪環境で働かされるというカラクリになる。どこかで覚えがないか？　そう、今の日本も似ていないか！

輸出を増やして外貨を稼いで借金返済に向けろという政策は、例えば、輸出用換金作物と言われるコーヒー豆やカカオやバナナやパイナップルなどを大規模プランテーションで作らせることになる。農家は自分たちや地域の人たちが食べるための作物を作れる機会が減少する。アメリカなどが国際援助の名のもとで農作物をタダ同然で流通させるので、地元産の作物は売価が下がり、**小さな農家は売り先がなくなって廃業する。その農地を外国企業が集約し、プランテーションが広がり、コーヒー豆などの輸出換金作物を拡大してゆくカラクリになるわけだ。**プランテーション畑では農薬を振りまくような危険な仕事に、元農家や地元の人が安い賃金で雇われるようになる。自分たちの自給の機会を奪われて安い賃金で家族を養わねばならなくなった人たちが、日本などの先進国向けのコーヒー豆畑やバナナ畑の横で飢えゆく。これを**飢餓輸出**という。

考えてみよう。日本で、米を作る田んぼのほとんどをコーヒー豆畑やバナナ畑にさせられたら（日本ではそれらの栽培に適さない気候だが）、海外からお米を買わねばならなくなり、日本の食文化や伝統や心の拠り所がなくなるだろう。それ以外にもイメージしてほしい。日本でも農家が減り、ナリワイが減り、企業で働く労働者ばかりになった。郵政が民営化された。各地の水道事業に外国企業が参入してきている。

ＴＰＰ（環太平洋パートナーシップ協定）やＦＴＡ（自由貿易協定）の内容をご存じだろうか。先進国版の構造調整プログラムと言っても過言ではない。日本の製造業がどんどん人件費の安い国に移動してゆく。途上国で構造調整プログラムによってナリワイや農地を奪われた人たちが、ブラックな安い賃金で働かされているその現場は、日本から出て行った工場ではないのか。それによって、日本国内の製造業に従事する人たちも途上国の人件費との競争に晒されてブラック化しているのだ。日本の製造業の労働人口は2000年には1200万人だったが、2010年には960万人にまで減っている。

世界の100カ国以上が世界銀行やIMFによる構造調整プログラムを受けてきた。経済危機の救済という名目だが、実は、その国やその地域の市場を国境を越えるグローバル企業に入れ替えてゆくカラクリだ。**自尊心を持って働いていた人たちが、大企業の労働者に塗り替えられてゆく。**低賃金やブラックな労働環境が強いられて、貧困と格差が広がってゆく。外国企業は利益が出なければ去ってゆくのみ。**その地やそこに暮らす人々のことなど気にするモラルや義務はない。**大企業の利益の狩り場として、人や自然が壊されてゆくのだ。構造調整プログラムを受けて経済が立ち直った、という国はほとんどない。最近ではギリシャがこれを受け入れた。

赤道に沿った国々では多くがコーヒー豆を作らされている。そうした国が増えるほど互いの国が価格競争に晒されて、相場が下がる。コーヒーが安く飲める幸せの裏側に、不幸を背負わされる人たちがいる。

日本はアメリカやドイツと並んで世界銀行やIMFに多額のお金を出している。結果、大企業の利益にはつながるが、途上国をはじめとした世界中の小さな企業やナリワイや農業を取って奪い、大地や森を壊し、失業者を生み、貧困やテロの温床を生んできた。**日本においても、途上国の安い労働力に勝てず、低賃金になり、働く場すら奪われてきた。**そしてＴＰＰやＦＴＡ締結に邁進する政府。構造調整プログラムもＴＰＰもＦＴＡも同じだ。グローバルな大企業だけを潤わせる。

これって、逆トリクルダウンでない？

■逆トリクルダウン例８　経済界と政界の仲良し

政府には、「経済財政諮問会議」や「産業競争力会議」や「一億総活躍国民会議」や「規制改革会議」などをはじめとした、いろんな会議機関がある。そこで決めたことが政策に反映される。総理大臣と関係閣僚などの政治家を中心に、たいていが経団連の主要メンバーや財閥出身者など経済界の重鎮が会議のメンバーを担う。**いわゆる「民間議員」と呼ばれるが、国民から選挙で選ばれた議員でも何でもない。経済界で発言力を持っている人ばかりである。**なぜか、会議の目的に準じた当事者はほとんどいない。そうしたメンバーが、企業や業界に利益誘導するような提言をまとめる。政治家と仲良しになって、国会も民主主義も無視で、政策や法律に反映させるのだ。

一つ例を出そう。雇用保険を財源とする「労働移動支援助成金」は、離職する労働者の再就職支援を人材派遣会社に委託すると、企業に支給される助成金。**1人あたり委託しただけで10万円、半年以内に再就職できると最大60万円が元の企業に支給される。**そのお金を人材派遣会社への委託代金にあてる。人材派遣会社からすれば、離職者が増えれば増えるほど、国から助成金を基にした利益が増えるカラクリ。企業からすれば、必要なくなった社員を自己都合で辞めさせることができるので、会社都合でリストラするよりコストが少なくなり、しかもその悪知恵を人材派遣会社が指南してくれる上、そのコンサルタント代金は国が出してくれるというカラクリ。2013年の産業競争力会議が「行き過ぎた雇用維持型から労働移動支援型への政策転換」と政府に提言し、その年の支給実績2億円から、翌2014年には150倍の301億円、2015年には350億円の予算に跳ね上がった。それを強力に提言したのが、産業競争力会議の民間議員である竹中平蔵氏だった。

竹中氏は、人材派遣会社大手のパソナの会長を務めている。パソナグループは「退職勧奨制度対象者のための面談の進め方」なる資料を多くの企業に配っている。**人材派遣会社がマニュアルを作って企業に社員の解雇を働きかけているのだ。**いわゆる「リストラ指南書」みたいなもので、リストラ対象者を自己都合退職するように仕向けて、人材派遣会社につなげる。

雇用保険は庶民の生活や雇用の安定と失業の予防が目的で、労働者もその財源を負担している。なのに働く庶民を失業させるために予算が使われ、しかもリストラする企業を通じて人材派遣会社の利益に回る。退職を強要するリストラビジネスを政府が促していると言っていい。再就職した人の給料は平均7割以下に減少し、半分以下になる人も2割いるという。こんなヒドイことが、選挙で選ばれたわけでもない経済界の重鎮の民間議員によって決められてしまう。オカシイじゃないか！　働く人を企業の悪知恵で退職に向かわせ、企業は人件費を減らし、人材派遣会社が大儲けする。**経済界と政界が仲良しで、庶民を不幸にしながら、大企業が得をする。**

これって、逆トリクルダウンでない？

■逆トリクルダウン例9　原発

2011年に起きた3・11に伴う福島原発事故。未だに様々な問題が続出してくるが、これは永遠に続く。そもそも原発を動かすにあたって、私たちの税金からも立地自治体に補助金が出されているし、福井の「高速増殖原型炉もんじゅ」は、年間の維持費200億円で、1兆円以上をつぎ込んできた。しかし、トラブル続きの20年間で200日しか稼働しなかった。今になってやっと廃炉が検討され始めた。青森の「六ヶ所村核再処理工場」は当初7600億円での建設予定が、今ではなんと11兆円。そして今後もさらに11兆円から30兆円かかると計算されている。そして東京電力は、事故による賠償費用や除染費用を国に求めていて、当初5兆円の予定だった東電支援は、2014年に9兆円になり、さらにそれでは足りなくて、遥かに超えそうである。

東京電力は私たちが払う電気料金の中に、原発にかかるコストを全部入れられる仕組みだ。総括原価方式という。電力会社に認められている方式だ。自動車会社が不良品の車種を販売してしまって回収した場合、その費用は、その他の車種を買う人の値段には上乗せできないのは当たり前だ。しかし、東電はそれができるのである。これでは事業に失敗しても経営に影響が出ないという、資本主義を無視したカラクリなのだ。しかし、2016年から電力自由化が始まった。自然エネルギーから生まれる電気を販売する会社や、ご当地電力会社などが全国にたくさんできた。競争原理が働くため、東電は今までのように値段を上げられなくなった。

今、原発を推進してきた経産省が画策しているのが、発電事業者が送電線を使う際に払う送電線使用料に、原発にかかる費用を上乗せすることだ。原発は嫌だ、自然エネルギーの電気を使いたい、自然エネルギー普及のために電気料金を払いたい、という人々の想いを台無しにする行為である。**こうして、原発を動かすのにかかる費用、将来の処理にかかる費用、無駄になった費用、事故の処理費用まで、庶民が税金及び電気料金で負担する。**原発を推し進めてきた原子力村にいる政治家や官僚や専門家や電力会社が誰も責任も負担も請け負わない。無知な「The消費者」からぶん取ろう、という魂胆である。原発に関連して、どれだけの無駄なお金が費やされてきて、これからも費やされるのか。何十兆、何百兆かもしれない。それだけあれば、教育、医療、介護の無償化も簡単にできることだ。

これって、逆トリクルダウンでない？

■逆トリクルダウン例10　TPP

世間で騒がれているTPP（環太平洋パートナーシップ協定）。いよいよ締結が近いと思われてきたが、ここに来て、主導してきたアメリカですら、TPPへの反対論が主流になってきた。TPPは様々な危険がありすぎて語りきれないが、単純に言えば、世界を股にかける大企業だけが儲けて、世界の庶民は被害を被る、というものだ。もう何度も書いたが、大企業が儲かっても、国に税金は落とさないし、働く人の給料にも還元しない。

加盟する国は関税を原則ゼロに近づける。例えば、お米が海外から安く入ってくることになる。前述したが、お米を作る農家は今でさえ作っても作っても採算が取れない。60kgのお米に1万6000円のコストがかかるのに、1万円以下で取引されることすらある。TPPで関税がなくなれば、60kgのお米が3000円で輸入されるとも言われる。すると、日本の米農家は、もうどうにもこうにも生き残れない。お米の関税だけは死守すると言って政府は頑張って見せたが、それ以外の農産物は軒並み酷い状況に追い込まれている。

しかも状況が刻々と変わってきている。アメリカやオーストラリアが米を日本に輸出したがっていたが、両国とも気候変動や地下水の枯渇で、お米が将来的に作れなくなることが明確になっている。もし、日本の米農家が大打撃を受けた後、アメリカからもオーストラリアからもお米が入らなくなったら、**この国の食べ物は誰が作り、持ってきてくれるのだろうか**。アメリカやオーストラリアに限らず、世界の農地は都市化や砂漠化でどんどん減っている。世界中の農家がすごい勢いで減っている。

TPPは農業だけの話ではない。むしろそれ以外のことが危険目白押しだ。「非関税障壁」も撤廃を目指している。関税以外の貿易の制限も撤廃しろというのだ。例えば、食の安全規制、労働規制、国民皆保険などあらゆる分野の国民の安全を守る法律も無くせ、ということだ。海外の巨大企業が参入しようとすると、安全規制が邪魔だからだ。**一番怖いのは、海外の企業が環境や安全の規制のせいで損失が出た場合、不満として政府に損害賠償訴訟を求められるISDS条項（投資家と国との間の紛争解決手続き）があることだ**。例えば排出ガス規制をしたら、その危険なガスを出している外国企業が損害を受けるとして巨額の賠償金を政府に訴えることができる。

日本に限らず、どこの国も借金だらけである。大企業に訴えられて負けたら、大損害。だからその脅しに負けて規制を取り下げてしまう。そんなことが、このＩＳＤＳ条項を結んだ国同士の中でたくさん起こっている。訴訟になると、たいていの場合、国が敗訴している。国際企業弁護士の閉鎖的なエリート集団から裁定者が選ばれているからだ。企業寄りの人間が裁くって、そりゃ、企業に有利な裁定をするに決まっている。それってオカシクない？　人権侵害であり、民主主義を崩壊させるものだ。ＴＰＰは、単なる貿易の話ではなく、人権侵害や民主主義を問われることなのだ。

ＴＰＰの交渉は秘密にされていて、交渉している国の国会議員ですらも知ることができない。日本でもそうである。それなのに限られた企業関係者だけは交渉内容を知ることができる。それって、すごくオカシクない？　利益を貪れる企業人だけが秘密交渉に参加できて、国民はおろか国会議員すらも秘密にされる。**国民主権でもなく、権力者主権でもなく、企業主権なのだ。**１９９９年にも今のＴＰＰみたいなものがＡＰＥＣ参加国で結ばれようとしていた。その秘密交渉内容が世界の庶民にバレて、ＷＴＯ閣僚会議が行なわれているシアトルに世界中の問題意識を持った人たちが５万人も集まり、会場周りでデモをし、その秘密交渉に反対行動をし、なんと交渉そのものを止めた。シアトルの反乱という。国境を越えて儲けを貪りたい大企業たちが、その失敗の轍を踏まないように、TPPは政治家や国会議員や国民にすら秘密にし、企業関係者だけが情報にアクセスできるようにしたわけだ。再び世界の人々が手を組まないようにするためだ。

私はこのシアトルの反乱を2002年に知った。世界の金持ちたちが勝手に決めようとした世界のルールを、世界中の先見性のある市民が止めたことに感動を覚えた。私もそうした1人になろう、とその時決めた。その結晶が、当店なのである。**一人一人は微力だけど、無力ではない。**この大きな世界を変える側の1人になれることを、店で伝えたかった。そして、この本でも伝えたいのだ。そういう意味でも、TPPを止めることは私の中の大切な事柄である。

経済成長や自由貿易なる常套句のもと、国境を越えて経済活動できる巨大企業や投資家だけが大きく利する一方で、加盟国すべての国で雇用も労働条件も賃金も悪くなり、食料主権を奪われ、安全規制も奪われ、農家やナリワイや地域産業がズタズタに破壊され、人々の格差貧困が広がり、自然環境がますます壊されてゆく。TPP締結内容はそれぞれの国の法律や憲法よりも尊重されるという。これだけの危険性があるのなら、そもそも、TPPに入らなければいいだけのことなのだ。

TPPって、逆トリクルダウンの総仕上げである。止めなければ!

■企業栄えて人滅ぶ

10の例を挙げてみた。まだまだ伝えきれない。が、これくらいにしておこう。大企業が儲かると庶民の懐にも恩恵が滴り降りてくるトリクルダウン。しかし、庶民の税金や、庶民が貰わなければならない所得を、企業がせしめてゆく。だから内部留保が増えても、人件費には回されない。これでは、逆トリクルダウンだ。断りもなしに庶民のお金を吸い上げているのだ。

庶民の財布の底には穴が開いていて、そもそも少ししか入らないお金がその穴から落ちてゆく。穴の下では大企業が大きなガマ口を開けてすべてのお金を飲み込み、決して手放さない。トリクルダウンは地方にも波及する、子会社孫会社にも波及すると言われてきたが、結局実現していない。実現するわけがない。

そろそろ気づこう。経済成長目指すほど、経済成長できずに格差が広がる。経済成長目指すほど、大企業と政治家は儲かれど、庶民は底の底に落とされる。企業栄えて人滅ぶ！　今のシステムとカラクリで経済成長を目指すということがどういうことか。**誰かを傷つけ、自分を劣化させ、自然を壊し、人類が長く生き残れない未来へ向かうことが確実なんだ。**

どう、それでも経済成長目指そう、って言葉を信じる？

Re:Vision 社会的な問題をどう見抜いてゆくか

■「原発賛成デモ」はない

ある事柄に関して「マル」か「バツ」かを巡って世論が分かれる。そういう時、どちらが真っ当なのかを知るのは簡単だ。お金がどう流れているかを知ればいい。2つ例を出そう。

1つ、原発について。**マスコミに出る「原発Yes!」という人たちは、たいていが原発に関わる仕事をしている人だ。**つまり、原発事業からお給料をもらっていたり、報酬や、お礼をもらっている人たち。「原発No!」という人たちは、どこかからお金をもらっているわけではない。お金をもらっている人が「Yes」と言うのは当たり前で、「No」を言ったらお金をもらえなくなる。「No」を言っている人は、どこからもお金をもらうわけでもなく、リスクを背負いながら、心からの声として言っている。さて、どちらが正しいと思う？
原発賛成デモというのは滅多にない。お金というインセンティブがなければ、賛成派の人もわざわざ休みの日や仕事の後に自分の時間を犠牲にしてまで街のデモに出ない。結局、言葉ではYesと言っても、他人事であり、他力本願であり、他人任せという証でもある。さすがに原発業界も原発Yesの何万人の庶民にばらまくほどお金がないのだろう。お金が出ればデモする人もいるだろうが。

■お金の流れを見てみよう

反原発デモには何万人の人たちが街に出る。休みの日や労働後の自分の時間を使っても出てくる。どこからもお金が出ているわけではない。お金をもらえるわけでもないのに、自分のリスクや犠牲を払ってデモに来る人がたくさんいる。自分事であり、世の中のためであり、未来世代のためでもあり、自分事の損得で言えば何の得にもならないのに、街に出てくるのだ。**さぁ、お金をもらえるなどのインセンティブがないと行動を起こさない人と、お金をもらえなくても行動する人と、どっちが真っ当なことを言っていると思う？**

もう1つ。2012年に、自民党が民主党から政権を奪回した年。自民党は建設業界に4億7000万円の献金を要求した。そして自民党が掲げたスローガンは「国土強靭化」。日本中をコンクリートで塗り固めようという時代錯誤な古臭い政策。

例えば減災の名目で、岩手・宮城・福島に400キロにも及ぶ防潮堤を作る予定。1兆円の予算がついている。建設業界からしたら、たった4億7000万円を自民党に渡すだけで、少なくとも防潮堤だけで1兆円の仕事がもらえるのだから、美味しい話だ。自民党は建設業界から4億7000万円をもらって、庶民の税金から1兆円の仕事を建設業界に届ける。防潮堤建設に関して地元の人たちの反対がたくさんあっても！ 賛成している人たちが建設業に絡む人たちが中心で、そこにもお金が流れるだろうが、反対の人たちにはお金が流れるわけではない。

こうしてお金の流れを見れば、真実が見えてくる。今はネットでも簡単に情報が仕入れられる時代。モノやコトの判断をする時、裏で後ろでお金がどう流れているかを見てみよう。

私は3・11よりも遥かに前から脱原発を訴えてきた。そのお陰でお客さんを失うことはあっても、お金をもらうことなど一度もなかった。

原子力村という汚いお金を動かす業界はあるが、脱原子力村という利益業界は存在しない。

■金融の肥大化を卒業しよう

大量掘削／大量生産／大量販売／大量消費／大量廃棄。高い塔とか、デカい競技場とか、速いリニアとか、強靭な防波堤とか、モノをひけらかすとか、そういうことに未だにベクトルを持つことが恥ずかしい時代になってきた。成金根性。もう、卒業しよう。成金根性で言えば、その最たるものが、金融の肥大化。

今や瞬時にお金が世界を駆け回っている時代。モノとか、サービスとか、そういう売り買いの実体のある経済の数百倍、**お金がお金を生むという実体のない金融取引や金融商品が世界中を巡りながら利益を貪るごとく蠢《うごめ》いている。**アルゼンチンの経済危機、アジア通貨危機、リーマンショック、ギリシャやアイスランドの経済危機……。すべてお金が生んだ危機だ。1つの国や、いくつもの広範な国々をも破壊させるだけのお金が、瞬時に世界を駆け巡っている。それで儲けを出せるのは最低でも数億円を投資で動かせる一部の富裕層だけ。それ以外の庶民は手を出さないほうがいい。99%、損をすることは明らかだ。多少の小銭を得られるにせよ、パソコン画面やスマホ画面でお金の動きと睨めっこして、気が気でなく、目も頭も「¥」マーク、「$」マークに支配される。仮に儲けることができたとしても、どこかの国や地域を破壊して人を不幸にすることを知ってしまったら、金融取引や金融商品で、自らが加害者になることに耐えられるのだろうか。リーマンショックやサブプライムローンを見れば、その実態と被害は手に取るようにわかる。今、食料が投機対象になってきている。先述した通り、世界中で食料が不足してくることが明確になってきている。いのちの源の食べ物を金儲けの投機対象にしていいのか。金融取引に倫理観は通用しない。

世界を翻弄するような化け物「金融」。庶民は手を出さないほうがいい。魂を売るべからず。

Re:Safety
戦争をして喜ぶのは誰？

■アベノミクスという壮大な実験の失敗

「経済成長至上主義」。経済成長のためなら、何でも許されてしまう。経済成長至上主義は、市場原理主義とか新自由主義とか言われる。市場にすべてを任せれば上手くゆく、という考え方であり、**新自由主義の「自由」は、企業にとっての「自由」であって、人々の自由ではない**。アベノミクスによって「世界で一番企業が活躍しやすい国にする」なんて言う。だから、原発を動かすこと、原発を海外に売ること、武器を作ること、武器を海外に売ること、それらを可能にした。その原発や武器で、人の暮らしやいのちが奪われても、儲かるほうを選択したのだ。

アベノミクスは、経済成長できる可能性のすべての方法を総動員して全力で進めている点で、壮大な実験である。そして実験の結果は出た。**経済成長できずに格差が広**

がるだけ、だったということ。無駄な時間と無駄な財政支出と無駄な借金と無駄なリスクを冒してそれをした。大企業と富裕層だけが儲かった。それはいい。しかし、未来世代にツケを残した。低所得や厳しい家計状況に陥ったり、仕事が辛くなって追い込まれたり、病気したり自殺に追い込まれた人たちがどれだけ生まれたろう。実験だった、なんて呑気なことは言えない。

アベノミクス=経済成長という「できもしないこと」「してはいけないこと」の真実に気づかず、未だにバブルや右肩上がりの幻想を抱いている間に、恐ろしいことが進んでいるではないか。自民党は改憲を狙っている。自民党草案の新憲法では、国民主権、基本的人権の尊重、個人の尊厳、平和主義が蔑ろにされている。憲法の主語は、国民。国民が政治家や権力者を縛るのが目的。立憲主義という。しかし、自民党草案は、権力者が国民を縛るものになっている。**国体の利益のためなら、個人の暮らしや権利や尊厳は二の次にしていい、ということだ。**憲法25条の「生存権」と憲法13条の「個人の尊重」や「幸福追求権」が今、どんどん危うくなっていることに気づいている? 稲田朋美防衛大臣(当時)は、数年前「子ども手当分を防衛費にそっくりまわせ」と言った。社会保障より軍事に金を使おうというのだ。

■儲かるのは、一体誰?

そして自衛隊を「軍」にしようとしている。北朝鮮が危ない、韓国が危ない、中国が危ない、日本を攻めようとしている、とキャンペーンが広がっている。だから武器が必要だ、軍隊が必要だと。北朝鮮でも韓国でも中国でも反日キャンペーンが盛んだ。誰が得するだろう、誰が喜ぶのだろう？

ここでもお金の流れを見ればわかる。**お互いの国がにらみあって、儲かるのが誰か？** 武器を作る企業群だ。武器製造には、金融、原子力、鉄鋼、ガラス、プラスチック、ゴム、精密機器、ＩＴ、ゼネコン、あらゆる企業群が携わり、儲かることになる。

先日、当店に自動車会社の下請け企業で金型の設計を担当する男性が来た。自動車が売れない時代に、金型の仕事は増え始めたという。しかし、その金型が何を作るためなのか、上司に聞いても知らないと秘密にされる。彼は、きっと武器関連に違いないだろうと感づいた。自分の仕事が武器を作ることに加担することに耐えられなくて休職している。

話を戻そう。近隣同士の国が、互いに互いを危険だと思わせれば、庶民の税金で武器を買ってもらえる。さらに戦争が起これば、武器が使われる。ミサイル1発、いくらの値段だろうか。ミサイルが打たれれば打たれるほど、国が発注してくれて儲かるのだ。そういう道筋にするには、お互いの国の庶民同士を睨めっこさせるのがいい。だから反敵国キャンペーンをするのだ。ナショナリズム、愛国主義は、そうやって利用される。反北朝鮮も、反韓国も、反中国も、世界を牛耳りたい資本家や大企業たちに都合の良いキャンペーンなのだ。

■そしていのちを狙われるようになった

格差で暮らしが厳しくなるのも、ミサイルを落とされるのも、戦地へ派兵されるのも、みんな庶民である。テロリストになる人も、格差が原因であることが多い。テロに巻き込まれる日本人が増えてきた。2016年7月1日、バングラデシュの高所得層が行くレストランで、日本人7人が殺された。「私は日本人だ、殺さないでくれ」と言った人がいたが、銃だけでなくナイフでも殺された。

2003年のイラク戦争への自衛隊派遣前まで、日本はアメリカに負けたのに経済復興して、憲法9条の平和外交をしてきたゆえ、イスラムの国々から愛され尊敬されていた。しかし、アメリカの後方支援という形で自衛隊を派遣したことで、その信頼は崩れた。2015年1月、安倍首相がイスラエルというパレスチナやイスラム社会に常に理不尽な攻撃をしてきた国を訪問して、イスラエルと日本の両方の国旗の前で、ネタニヤフ・イスラエル首相と両国が連携を強化することを表明した。

　イスラム社会に恨まれているイスラエルでわざわざ表明したのだ。「イスラム国の脅威を食い止めるため、イスラム国と闘う周辺各国に、2億ドルを支援する」とした。その11日後、後藤健二さんがイスラム国に公開殺害される映像が出された。犯人グループのメッセージにはこうあった。「日本政府へ。おまえたちは悪魔の有志国連合の愚かな同盟国と同じだ。われわれイスラム国がアラー（神）の恵みにより権威と力を備え、おまえたちの血に飢える軍隊を持つことをまだ理解していない。アベよ、勝ち目のない戦いに参加するというおまえの無謀な決断のために、このナイフはケンジを殺すだけでなく、おまえの国民を場所を問わずに殺りくするだろう。日本にとっての悪夢が始まるのだ。」

　その後、2015年3月にもチュニジアの博物館でテロがあり、日本人が3人殺された。その時テロリストは、「Are you Japanese ?」とひとりひとりに声をかけて聞いて、日本人を殺したという。安倍政権の政策で、戦後日本が築いてきた信頼が崩れた。私の知り合いのジャーナリストや当店に来るジャーナリストが口を揃えて言う。「かつてはどんなところにも取材に行けた。日本人というだけでいのちの保証があった。しかし、ここ10年で変わってしまった。もう安全に行けるところがなくなった」

と。

私は当店を開業するちょっと前から、**経済成長を追い求めていったら最後は戦争に近づいてゆく、と予想していた。**世の中のカラクリを洞察すれば、必ずそうなることが見抜ける。そうなって欲しくないから、経済成長などなくても幸せになれる、と言い続けてきた。予想は外れて欲しかった。しかし残念ながら、私の悪い予想通り、日本は軍事化に歩み始めている。平和が脅かされてゆく。安倍政権のたった4年で、日本人ということで最低でも12人が殺され、今も安田純平さんというジャーナリストが拘束されている（＊2018年10月解放）。日本という国も庶民も、もうアベノミクスの幻想を求めるのをやめないと、仕事も減り、働いても貧しくなり、自由や尊厳やいのちすらも、少しずつ奪われてゆく。

「企業側で新規採用者等を2年間、実習生として自衛隊に派遣する」などという防衛省の作成したプログラムが、国会で暴かれた。経済同友会からの提言だったという。大学を貸与型奨学金で卒業した若い人たちに、返済を国が肩代わりするから自衛隊に、という経済的徴兵制も、今後画策されるだろう。アメリカではすでにそうなっている。アベノミクスの幻想を追い求めていると、そういう未来が待っているのだ。

「もう日本人に指一本触れさせない」「テロリストたちを絶対に許さない。その罪を償わさせるために、国際社会と連携していく」。後藤健二さんが殺された後、安倍首相が言った言葉。強靭な言葉で頼もしく思う人がいてもいい。しかし、私には胡散臭い嘘、虚言にしか聞こえない。事実、その後にチェニジアでもバングラデシュでも日本人を守れなかった。10人を超える日本人が指を触れさせないどころか、さらに殺された。できもしないことを言う。それは世間では「嘘」という。

経済成長を、と言って、経済成長できない。アベノミクスの失敗を認めない。指一本触れさせないと言って、のちにも殺された。原発はアンダーコントロールと言って、放射能垂れ流し。**嘘をついたのに、責任を取らない**。責任を取らない人が、「私たちは責任政党だ」と言っている。

これって、オカシクない？

第7章

Re:
Future

誰もが生き続けられる
未来を創る

Re:Future 誰もが生き続けられる未来を創る

■このままでは、追い詰められてゆく

これまでの内容をまとめながら、改めて俯瞰しつつ見てみよう。グローバル化が進んで、経済がすべて、という価値観が常識になった。綺麗事は言っても、結局はお金がすべて、という価値観。地球上のすべての問題の指標は、政治より経済になってしまったのだ。政治家も経済に取り込まれた。**もはや、政治を動かしているのは政治家でなく、巨大企業や投機筋なのである。**

政治を動かすのは本当は政治家ではない。民主主義においては国民だ。より民主主義に近づけるべく、歴史上の普通の人々が、より良い民主主義を目指して権利を獲得してきたのであり、それはいまだ発展途上である。しかし、いつの間にか、国民より政治家、政治家より巨大企業、巨大企業より投資家が大きな権利・権力を持つという

構図にすり替えられていた。さらにTPPによって、国民主権が巨大企業主権と投資家主権に乗っ取られて、人権が奪われてゆく。

本当は、資本主義が限界を迎え、経済成長も限界を迎えている。延命措置として成長の余地があるとすれば、バイオビジネス、ITビジネス、医療ビジネス、戦争ビジネスだけか。バイオは様々な可能性を開く反面、倫理観を持たないと危険性も伴う。ITは今後、効率化や快適化に貢献する反面、人の雇用を奪ってゆくことになる諸《もろ》刃《は》の剣《つるぎ》。医療ビジネスは、人の病気や怪我があって成り立つビジネスであり、本来は小さくなってゆくのが望ましいが、むしろ、意図的に病気を作り、病人を作り、医療漬けにしてゆく流れでますます肥大化している。戦争ビジネスは言うまでもないが、人を殺してこそのビジネスであり、社会インフラを壊してこそのビジネス。兵器を使えば使うほど製造が増えて経済が潤うだけでなく、社会インフラを壊せば、復興という名の経済特需も生まれて、経済成長にとっては一石二鳥だが。

バイオビジネスもITビジネスも医療ビジネスも飛躍的な経済成長へはつながらない。戦争ビジネスだけは確実に人を不幸にしながら、大きな経済成長につながる。だからアベノミクスでは兵器産業を大きくしようとしている。そんなものでしか経済成長が見込めない中、どうしたら、経済界や投資家は利益を確保すればいいのか。それは、中間所得層から富を吸い取り、さらに低所得層からも富を吸い取ることだ。お金がないと選挙に勝てない政治家たちは、献金や裏金で経済界の言いなりになり、巨大企業と投機筋が儲かるカラクリ、先述したトヨタや建設業界の話のように法人税や金融取引の負担を軽くするカラクリに書き換えてゆく。すると国の財源が足りなくなるから、教育と福祉がどんどんカットされる。人々には自己責任で生きろ、と強いる。さらに足りなくなって消費税を、という（＊2018年5月、消費税が10%に）。しかし、その消費税が教育や福祉に使われる保証がなく、またもや経済成長のためのお題目に使われてしまう。こうして、人々はジリ貧になり、格差が拡がってゆく。

■君が追い込まれてゆく！

これは日本だけの話でなく、世界中で起こっていることだ。経済成長を推し進めてきたOECD（経済協力開発機構）の「How's life?」というレポートには、**「格差は資本主義が始まる前より酷くなっている」「その原因はグローバル化」**だと言明している。

もうそんな経済成長システムは人を不幸にするだけで、経済成長は目指さないほうがいい。世界の資本主義が煮詰まっている前提で未来を考え直してゆく時期に来ている。成長しない「定常経済」、日本においては人口縮小に伴う「縮小均衡」。つまりは、成長しなくて大丈夫、という未来を作ろう。

勤め人として、辛い、という人が毎日のように当店を訪ねてくる。正社員の人も、非正規の人も。メールやメッセージの類も毎日のように来るし、手書きの手紙も届く。例えば「もう誰の役に立っているかわからない金儲けのために、人生を浪費するのは辛い。しかし家族がいるから会社を辞められない」「何処も人不足で仕事をこなすので精一杯。部下に仕事を振れないし、上司からの要求だけが増えてゆく」「毎日残業で終電。家族と会話を交わすどころか、まともに物事を考える時間すらない」「前年対比アップの不可能な目標のために、課題克服の書類と戦略会議だけが増えてゆき、本来の業務に専念できないという苛立ちと矛盾だらけ」「親会社からの無理難題や変更を押し付けられるのに納期日は守らねばならず、休みなんて取れない」「請負社員で企業に派遣されていて、毎日同じことのルーチンワークを繰り返すだけで辛い、スキルアップにもならない。請負、派遣、正社員と分断されていて、業務のちょっとした質問や指示すら互いにできない仕組みになっている」「派遣で働き続けても、給料は微量しか上がらず、将来に不安が募るばかり」「家族が病気になったので休んだら、リストラと言われ、土下座した」。こういう状況の中で、人は自由に生きられるだろうか。

明治安田生活福祉研究所の2016年3月の調査では、「いずれ結婚したい」「早く結婚したい」という20代男性が、3年前の67・1%から38・7%に減少、女性では82・2%から59・0%に減少。アベノミクスが始まった後の3年だけで結婚したい人の割合が男性で約28%、女性で約23%も下がっているわけだ。男性が独身でいる理由は、「収入が少ない」が最多。今、まさに、これだけモノが溢れて便利な世の中なのに、庶民は追い込まれているのだ。

■構造的暴力への加担をやめる

構造的暴力という言葉がある。**直接的な暴力でなく、システムの中で間接的に貧困や抑圧や差別につながる行為をすることを構造的暴力という。**先に挙げた、私に届いたメールを再度見て欲しい。「もう誰の役に立っているかわからない金儲けのために、人生を浪費するのは辛い」。ある商社にお勤めの方が、海外赴任先から送ってきたものだ。資源の調達で、その地で利権を巡り、近隣の民族同士がいがみ合うようになる。地域や人々が争いで分断される。その資源でモノを作るが、その作られるものが武器や兵器だとしたらどうだろう。会社の利益のために必死にする仕事が、人を不幸にすることや人殺しの片棒を担ぐのを知りながら、まともな精神状態で仕事をできるだろうか。

アフリカのコンゴ東部では、鉱山資源のスズ、タングステン、タンタルがある地域を武装勢力が襲い、3分の2の女性が性被害にあうという。村を支配した武装集団は、採掘した鉱物を、商社や企業に密売する。これらの鉱物は、パソコンや携帯電話の製造に使われる。日本のタンタルの消費量は、世界の3分の1を占める。

「会社の指示通りする仕事が、取引先を潰すことにつながる」「こんな薬を出しても病気が治るどころか弊害しかないのに、利益のために仕方ない」「手抜きと誤魔化しだらけの工事で、いずれ事故になるか、いずれバレるか」「良い商品でもないのに、過大な嘘を並べて広告を作らねばならない」「自信を持って勧められない商品は売りたくないと上司に言ったら、消費者を人と思うな！　と叱責された」……。

人殺しまで行かずとも、構造的暴力に加担することが辛くて私の元に訪ねてくる人がどれだけいることか。

■重なり合う闇

人は常に悩みを持っているものだ。劣等感、容姿、恋愛、親子関係、人間関係、介護、子育て、いじめ、抑圧、ハラスメント、DV、立身出世、欲望、収入、借金、などなど個人的なものを抱えている。これが自分の闇。

しかし自分の闇とはいえ、世の中と結びついている場合も多々ある。介護や子育てでは、国や行政からの給付や手当など社会保障が削られてゆく。これは世の中の闇とも言える。いじめや抑圧やハラスメントは、職場から延長してくる場合が多い。DVは、上司から部下へ、妻や子どもへ、お年寄りや障がい者へ、ペットへ、最後にまた自分へ、と矛先が向かってゆく。

自殺の原因は家庭内虐待や家庭内暴力、職場でのいじめが著しく大きい。これも世の中の闇と自分の闇が重なり合うケースだろう。欲望や立身出世は、他人との比較と、マスメディアに流れる華やかな世界や消費を煽る広告から生まれてくる。欲望を満たすためにお金が必要になり、浪費が進み、借金に陥ることもある。これも世の中の闇と自分の闇の重なり合いだ。

3・11の福島原発事故の後、福島始め周辺都道府県に住まう人たちは、移住するか、居残るか、迷った。移住するとしたら、仕事はどうするのか、親はどうするのか、土地や家はどうするのか、それぞれの事情の中で苦悩したはずだ。私も悩んだ。原発事故という世の中の闇なのに、政府と東電が責任と判断を曖昧にしたために、移住か居残るかという問題は自分の闇へと強いられた。構造的暴力も世の中の闇と自分の闇が深く重なり合う。その仕事が自社の利益になるとはいえ何かを犠牲にするとわかっていて業務を遂行したなら、葛藤や挫折や屈辱や諦めという闇が生まれる。それは良心の呵責という自分の闇と重なり合う。誰もが世の中の闇と自分の闇の境がわからないまま苦悩し、答えを見出せず、悩み彷徨い続ける。

２０１６年の日本財団の調査によると、４人に１人が本気で自殺を考えたことがあり、過去１年以内に自殺未遂をした人が推計で53万人と言う。実際の自殺者は２万４０００人。若い層ほど自殺を考える割合が高く、20代30代は30％を超えていた。興味深いのは、自殺を考えた人の74％が誰にも相談していないこと。そして住み続けたいと思う人が多い地域ほど自殺リスクが少ない、という調査結果だ。

要は、なんでも相談できるコミュニティがあれば自殺は低減できる。同時にそれは幸せの基準にもなるだろう。経済成長は人を分断してこそ成り立ってきた。悩みの孤立化を様々なレイヤーのコミュニティでカバーするRe Designが必要だ。

世の中の闇の原因が直接的であれ間接的であれ「経済成長至上主義」から来ている。しかし多くの人はそれに気づかず、そこに準じて生きようとする。加害者となり、同時に、被害者となる。**原因に気づかなければ、答えがわかるはずもなく、自分の立ち位置が確立できるはずもない。**重なり合うこの世の闇と自分の闇の境もわからないまま、苦しい永遠の自分探しをしているのが、現代人なのだ。

■金があれば解決するか？

では、お金があれば２つの闇を解決できるのだろうか。この問題について、アップル創業者のスティーブ・ジョブズの最期の言葉が印象的だ。

私は、ビジネスの世界で、成功の頂点に君臨した。
他の人の目には、私の人生は、
成功の典型的な縮図に見えるだろう。

しかし、仕事をのぞくと、喜びが少ない人生だった。
人生の終わりには、富など、私が積み上げてきた
人生の単なる事実でしかない。

病気でベッドに寝ていると、人生が走馬灯のように思い出される。
私がずっとプライドを持っていたこと、
認証（認められること）や富は、迫る死を目の前にして
色あせていき、何も意味をなさなくなっている。

この暗闇の中で、生命維持装置の
グリーンのライトが点滅するのを見つめ、

機械的な音が耳に聞こえてくる。
神の息を感じる。死がだんだんと近づいている……。

今やっと理解したことがある。

人生において十分にやっていけるだけの
富を積み上げた後は、富とは関係のない
他のことを追い求めたほうが良い。

もっと大切な何か他のこと。

それは、人間関係や、芸術や、
または若い頃からの夢かもしれない。

終わりを知らない富の追求は、
人を歪ませてしまう。私のようにね。

神は、誰もの心の中に、
富みによってもたらされた幻想ではなく、
愛を感じさせるための「感覚」
というものを与えてくださった。

私が勝ち得た富は、（私が死ぬ時に）
一緒に持っていけるものではない。

私が持っていけるものは、愛情に溢れた思い出だけだ。

■死の直前で後悔すること

またアメリカで老人に行われた、「死の直前で何を後悔しているか」というアンケートも示唆的だ。アンケートの答えは以下のように集約されたという。

1）他人がどう思うか気にしなければよかった
2）幸せをもっとかみ締めて生きるべきだった
3）もっと他人のために尽くせばよかった

4）くよくよと悩まなければよかった
5）家族ともっと時間を過ごせばよかった
6）もっと人に優しい言葉をかけていればよかった
7）あんなに不安を抱えながら生きるべきではなかった
8）もっと時間があれば……
9）もっと思い切って冒険すればよかった
10）自分を大切にすればよかった

これらは、お金があればできたことだろうか？　そうではなく、お金がなくてもできることばかりで、もっと言えば、**お金を求めていたから二の次にしてしまったことばかりだ。**

お金や労働や時間と引き換えにされた、「しなかったこと」を後悔しているのだ。んっ、お金がなくてもできることをしなかったことが一番の後悔⁉　人はお金がなければ何もできないと思っている。だから、できもしない経済成長に期待して、自分もあやかろうという幻想を抱く。経済成長を求めて行き着く先が、戦争や殺し合いかもしれないのに。そして身を粉にして頑張ったり、それで病気になったり、底辺を這いつくばって生き延びるしかない、と諦めたりする。

でも人生が終わろうとしているときに一番後悔するのは、**「お金がなくてもできる**

こと」をしなかったことなのだ。

■必要なのは勇気と想像力と「少しのお金」

チャップリンは言った。「人生に必要なものは、勇気と想像力と少しのお金」。「勇気」と「想像力」は一旦ここでは置いておこう。「少しのお金」とはどれくらいなのか。ライフスタイル基準金額については既に書いてきた。その額は、どう暮らしたいかによっても違う。したいことによっても違う。したいナリワイによっても違う。しかし、そう莫大なお金ではないはずだ。

Re Future。未来をどんな世の中にしなければならないのか。それは「低収入でも生きられる社会」だ。これは経済成長神話を卒業して、成熟した社会に向かうことを意味する。成熟した社会とは、大量生産／大量消費／大量廃棄からの卒業である。モノが適量になる社会において、豊かさを享受していくことである。

そして、そうした成熟社会への移行はすでに、世界中で点々と始まっている。

■成熟社会の到来

日本の外需は15％程度で、85％を内需が占めると言われている。GDPの6割が個人消費で、2015年の政府の経済財政諮問会議では、その割合を7割にしようと提言している。それだけ経済全体に大きな影響を持っている個人消費。しかし、現実はモノが売れなくなって久しい。たくさん売れる時代は終わったと言っていい。ということは、たくさん買う時代も終わったということだ。庶民は、今あるお金を使ってたくさん買いたい、という欲望が減少している。さらには、人口減少と、購買欲が高いと言われてきた若年層の減少や貧困化で、その傾向は加速している。

一方、企業側は、今まで稼働させてきた工場などの資本の蓄積や日々の技術進歩で、モノをたくさん作る供給能力が高まったままである。要は、庶民はたくさん買いたいと思わなくなったり、たくさん買えなくなったりで需要が小さくなっているのに、企業側はたくさん作れる供給力が余ってしまっている。

言い換えれば、企業は労働力をすべてつぎ込んで生産をフル稼働すると、モノが売れ残るというジレンマの中にある。だから企業からしたら人を雇えない、人を減らそう、人件費を減らそうというのも当然の帰結といえる。人々は消費を減らし、企業は設備にも人にも投資しない時代になった。良い悪いの話ではなく、日本は経済成長をいくら目指しても実現は不可能で、否が応にも成熟社会に向かっているのだ。

■優秀な経営者が今考えていること

日銀が金融緩和でいくらお金を市場に流しても、使われないで滞るか、金融商品に回ってしまっている。物価２％アップ目標はまったく達成できず失敗している。実際、多くの企業で客単価の下落が止まらない。物価が上がらないのは、金融緩和が足りないからだ、というトンデモ評論家もいるが、現実を見ていないのだろう。経済評論家が言う通りになることは、宝くじで当たる確率より低い。そして間違っていても責任は取らない。

当店に来てくれる大手銀行のベテラン営業マンは言う。「日銀が市場にたくさんのお金を流しているので、銀行はお金を貸し出せる企業を探すのに必死。ところが、利益を上げている30代～40代半ばの優秀な経営者を見つけ出して融資の話に行っても、ほとんどが乗ってこない。『**なぜ設備投資しなければいけないんですか？　なぜ拡大しなければいけないんですか？　なぜ前年と比べなければいけないんですか？**』と逆質問されてしまう。従業員の良好な労働環境や取引先との良好な関係を作り上げ、顧客が満足してくれる良い商品をニッチに提供している中で、拡大を目指すほうがそれを壊しかねない」と言われてしまう。

一方、お金を借りたい、と融資の依頼に来る経営者は、赤字続きで、バブル時代の影を引きずっていて、設備投資するお金があれば売上が上がるはずだ、なんていまだに信じていて、そういう企業には融資できないと言う。画一的な大量生産のモノより、個人の嗜好やこだわりに沿った非・画一的なモノにこそ価値を見出す傾向が今後強くなってゆくだろう。優秀な経営者こそ、消費者にとって満足度の高いこだわりの商品を適量のみ生産する、という先見性は成熟社会を見通していると言っていい。

もう、必要以上に需要を掘り起こそうにも限界が来ていて、売れないものを作っても、企業からしたら在庫負担が増し、最後は値下げして売り切るか、廃棄するしかないのである。地球的環境の側面から見たら、無駄になるとわかっている資源を使ってモノを作って最後はゴミになるという悪循環になる。市場は飽和している。それなのに、売れないモノ、買ってくれないモノを作るために、まだこれ以上に残業してまであくせく働いて、お金を稼げるのだろうか？　それこそマヌケな姿であり、未成熟であり、笑い話にもならない。

■20代の関心事からわかること

三菱総合研究所が２０１１年から２０１５年の「20代が関心を示す新製品」を調査した結果によると、４年間で「関心」の減少率は、「家電・パソコン・携帯電話」は15％ダウン、「ファッション」は４％ダウン、「化粧品」は３％ダウンにもなる。逆に関心が増えているのは「食品・飲料・お酒」のみで5％アップしている。

食べることへの関心が増えていることは、食を囲むコミュニケーションやいのちの根源を重視してきているという現れであり、**食こそ生きる根源で、それ以外は付随的なものだという本能への原点回帰といえるかもしれない**。断捨離やミニマリストは一時的な流行だろうか。これは物質文明、モノカルチャーでは幸せにたどり着けないと気づいた人たちの大きな潮流である。アメリカで台頭している「ミレニアルズ」という世代や思考が注目されている。アメリカの若い世代を中心に3割くらいがこうした思考に至っているという。

その特徴は、「車や家の保有に興味がない」「所有より共有」「非・画一的を好む」「健康志向」「共同体志向」「社会貢献が好き」などだ。消費への関心は小さくなり、失われたもの、つまりは健康とかつながりとかコミュニティとか人や社会の役に立つことなどに関心が高まっているという証だ。お金やモノより「関係性」を大切にする傾向。これは成熟社会の到来を意味している。

この本の冒頭で書いたことを繰り返す。デンマークの市民科学者のヨアン・ノルゴーが言ったように、経済成長が停滞して閉塞感が続いている中、もっと頑張ればなんとかなるのか？　いやそうではない。もうそろそろ頑張るのをやめたら幸せになれるのでは？　**もうそろそろ成熟社会にどんどん移行しようじゃないか**。では、成熟社会、適量生産・適量消費・廃棄ゼロに向かうために、どうしたらいいのだろう?

■ストックを存分に活用する

一つには、これまで蓄えてきた社会的なストックを活用してゆくことだ。日本中に余っている遊休資産に注目したらいい。具体的に言えば、主に、「空き家」「空きビル(学校施設含む)」「農地」「山林」。

日本中で空き家の問題がクローズアップされている。**今既に、6000万戸を超える全戸数の13・5%ほどの820万戸が空家である。それが約20年後には30%になり、30年後には40%を超える。**都心でも駅から400m以上の場所は、ゴーストタウンになるという。私も空き家と移住希望者をつなぐ活動をしているので、実際の空き家利用の難しい問題も多々感じている。

土地所有権の問題、残っている所有物や仏壇の問題、雨漏りの問題、劣化して住める状態でない、など。しかしそれでも、国や行政が介入すれば、空き家の1/3から半分は修復して住めるかもしれない。空きビルや廃校の学校施設も今後どんどん出てくる。何しろ、人口が減ってゆくのだから。それらも住まいに使えるし、オフィスや商店としても使えるだろう。独居老人を誘致して互いに支え合える施設にするもよし、老人ホームにするもよし、介護施設にするもよし、保育園や幼稚園と組み合わせれば、孫世代と祖父母世代の交流という世代間交流が復活し、互いに相乗効果が出る。

■余りまくっている農地

農地は余りまくりだ。**遊休農地は最低でも埼玉県の広さとか、その3倍の岐阜県の広さほどもあると言われる。**農家は高齢化で平均年齢70歳。跡継ぎもおらず、ますます遊休農地が増えてゆくのは間違いない。先にも書いたように、農家人口は2008年に300万人を切り、2016年に200万人を切って現在約192万人。専業農家は40万人のみ。農家が減り、農地が使われなくなり、食べ物をどう確保してゆけばいいのだろう。

世界中でも、農家人口が減っていて、2000年代には、消費者人口が農家人口を上回った。農地が減少し、砂漠化も進む。穀物輸出大国のアメリカやオーストラリアも、地下水の減少でお米などを作れなくなってきた。仮にTPPが発効しても、食べ物を安定的に確保することが難しい時代に入っているのだ。

食糧危機の到来は大げさな話ではない。全国に有り余っている遊休農地を、自給したい人たちにつながない手はない。都市では土が少なくて需要が高まってゆく一方、地方では田んぼや畑が誰も使わないまま荒れてゆくのだから。私の計算では、240

0万人くらいが自給できるくらいの遊休農地が余っているし、今後、どんどん増えてゆく。自給したい人に田畑を斡旋すればいい。

■注目される「自伐型林業」

山林も同じだ。国産木材の需要が減り、森や林が放置され、間伐すらままならず、山に入る人がいなくなった。その結果、熊や猪や鹿が奥山から里山を降り下り、町まで姿を現わすようになった。所有者がわからない山も多い。この際、そうした山も、希望者に斡旋すればいい。林業は補助金頼みで大型機械や林道が必要であり、採算が合わないと言われ続けてきたが、**昨今、「自伐型林業」が注目を集め始めた。**通常の林業では初期投資に1億円も要するが、300〜500万円の初期投資で可能と言われ、小・中規模の面積で自立経営できる。

環境保全型で持続可能な形をとり、低コストで低リスクで素人でも可能で、副業としてもナリワイとしても成り立ちやすく、その木材が地域で使われるのでやり甲斐も大きい。林業とまで行かなくても、間伐作業や山菜採りや猟に関心を示す若い人が増えているのも事実である。当店にもそういう人がたくさん訪ねてくる。

■増える移住希望者

Re:Place のところでも書いたように内閣府の都市住民調査によれば、「農山漁村地域への定住願望がある」と答えた人は、2005年には20・6%だったが、2014年には31・6%と、11%も増えている。移住希望者達の願望を叶えられる条件は整っている。政府や行政が手をこまねいているなら、自分たちでやってしまえばいい。**日本の各地で地域を元気にしているのは、収入が低かろうと満足度の高い暮らしと働き方をしている新しい層の人たちなのだ。**庶民が起こす変化や変革が大きくなると、後から行政や政治がしゃしゃり出てきて真似てくる。実はそれが世の中が変わってゆくパターンなのだ。まずは自分や自分たちで始めてしまおう。

■地方に住んで始まる好循環

「空き家」「空きビル（学校施設含む）」「農地」「山林」。いずれこれらを行政が介在して、移住希望者や二拠点居住者（デュアルライフ）に限らず、広く希望者すべてに解放すれば、都市部に集中する人口が、田舎に逆流するインセンティブになる。農山漁村の荒れゆく家や農地や山が再生されてゆく。人々は、住まいを得て、山林から燃料と山菜を得て、農地での自給で安定的に食べ物を得られる。山での作業や農作業をするようになると、ちょっとした土木工事や日曜大工などがお手のものとなる。

結果、いろんなものが自分自身で作れるようになる。**家／燃料／食べ物を得られる上、暮らしの様々なものを自分でクリエイトできるようになるのだ。**すると、安心度と充足度と幸福度が高まると同時に、低コストで暮らせるようになる。低コストで暮らせるなら、正社員として勤めに出ても、週休２日に留まらず、週休３日や週休４日で、給料はその分だけ少なくていいという働き方を勤め先に提案できる。ワークシェアリングを働く側から提案できるわけだ。**自分の仕事を減らすことは、他人に仕事を届けることでもある。仕事の分かち合いだ。**

低コストで暮らせるということはフリーターやパートでも暮らしが成り立つ。正社員が仕事を減らすようになり、非正規社員は正社員より責任が少ない立場で気楽に働ける。互いのスキルの差が埋まってくれれば、北欧社会のように、正規社員と非正規社員の賃金差が小さくなり、同一労働同一賃金に近づいてゆくだろう。日本では現在、正規に比べて非正規の賃金は６割程度で酷い状態だ。**働き方が成熟した欧州の国々では正規と非正規の賃金差は１割くらいでほとんど差がない。**賃金差が小さくなるなら、働き方の選択肢になり得るし、生活状況によって、正規と非正規を往復することも可能だろう。今の日本では非正規になったら正規社員になることは非常に難しい。また正規で働く人も非正規になったら暮らしていけないと恐怖を感じて、会社と給料の奴隷にならざるをえない。産業界が上から目線で言っている「働き方の自由」などとは、単なる人件費削減なので気をつけたほうがいい。それは「働かせ方の自由」で経営者側の利己的自由だ。私たち働く側が働き方を選べるようにしてこそ、本当のワークシェアリングである。

■グローバル化の先にある、ローカル化

低コストで暮らせるのであるから、必要な分だけお金を稼げばいい。低コストで暮らせるのであるから、将来や老後の蓄えも、今までの常識より少なくていい。となれば、ナリワイを起こしやすくなる。サラリーマンからの脱却、企業依存からの脱却が可能になる。それこそが自由である。本来、他人に指示されるのが好きな人なんていないはずだ。自分ですべてを決断し、自分で責任を全うする。上司や組織から与えられるストレスや過労は減り、ウツや自殺も減るだろう。家族や地域とのつながりにかける時間や、自身の時間も増えるだろう。そして何より、地域のナリワイを巡る循環経済が少しずつ出来上がってゆくだろう。**経済成長至上主義に代わる、新しくて懐かしい経済の構築に、一人一人のナリワイ人こそが貢献してゆけるのだ。**グローバル化の先のローカル化が順調に始まってゆく。

私がＮＰＯ活動している千葉県匝瑳に移住した人たちは、1〜3万円で空き家を借り、家をセルフリフォームして住みやすくして、庭に畑を作り、それ以外にも地元の人からタダ同然で遊休農地の田畑を託されたりして、食べ物に事欠くことがない。耕さなくてもご近所さんが余った野菜やお米をタダで持ってきてくれる。山や川や海での採取方法や、調理方法や、農の技術や、大工技術や、土木技術や、モノを作ったり直したりする技術を、見返りなく教えてくれるお年寄りが沢山いる。欲しいというものは、余分に持っている方が与えてくれる。まだ使える家電製品や家財道具や車やトラクターまで頂くことがある。こうした関係性が生まれてくると、必要なものが大抵はタダ同然で手に入ってくる。

このように、使われないまま朽ちてゆくか捨てられてゆく資産をストックとして維持活用し、忘れられ消えてゆきつつある無形の技術資産を引き継いでゆければ、憲法25条で定められている「すべて国民は、健康で文化的な最低限度の生活を営む権利を有する」が実現に近づくベクトルとなる。

チャップリンが言った「人生に必要なものは、勇気と想像力と少しのお金」。家と燃料と食べ物とそれらを含め様々を自分で作り出す技術が備われば、「少しのお金」

で暮らしが立ち、ナリワイにも、それ以外の何にでも、チャレンジしやすくなる。田舎で自然の中に身を置けば、自ずと発見や気づきや感動が増え、「想像力」や「発想力」が大きく増してくる。**お金が少なかろうと何があろうと「なんとかなる」という安心感は、絞り出す「勇気」のハードルを小さくすることに寄与するのだ。**憲法13条の「幸福追求権」が、今よりはるかに当然のものになるだろう。

■GDPが下がる前提で豊かさを考える

アベノミクスはGDPを上げようと、あの手この手を使って、さらには禁じ手まで使って必死だ。しかしGDPは一向に上がらない。実は、2010年〜2012年の民主党政権時代には実質成長率が1・39%だったのに、その後のアベノミクスの3年間で実質成長率は0・68%に下がっているのだ。**もう、GDPが下がる時代に突入している。**しかし、GDPを上げる選択肢しか持たないから、実際にはGDPが下がってきて、人々は苦しめられている。GDPが下がることが前提のRe Designをすればいいだけなのに。

家族で食べるものを自給する場合、お金の支払いも受け取りも発生せず、GDPに換算されず、経済にも反映されない。**「非市場領域」と言っていい。**非市場領域は、自給だけに限らない。物々交換や技術交換や技術伝承や互助（助け合い）もそうだ。

参加者が料理を持ち寄るポットラックのパーティーも、お金を介さない非市場領域だ。提供されたサービスに自分の判断で支払う値段を決める「ドネーション」、自分が受けた好意を見知らぬ誰かに送る「ペイフォワード」など、昨今「ギフトエコノミー」と呼ばれるものも、「非市場領域」といっていいかもしれない。こうした「非市場領域」の拡大は、低コストライフに貢献する。

■「The消費者」を抜け出した喜び

私自身の話を改めてしよう。NPO活動をしている千葉県匝瑳に行って誰かと会うたびに、野菜や果物や漬物などを頂く。一方で、我が家でも採れたものがあれば、訪ねてきた人に差し上げる。移住者同士で集まり語らう時、どこかの店に行くことは皆無。誰かの家で、皆が自作料理とお酒を持ち寄って語らうのが日常だ。おかげで、お金をかけずに時間制限もなく、楽しい交流やミーティングができるわけだ。しかも美味しくて安心な料理がたくさん食べられるのだ。都会で居酒屋に行ったら、4～5時間も一軒の店にいられないから二軒目にハシゴしてさらにお金がかかる。カラオケに行くこともあるだろう。

お金もかかるが、それ以上に違和感がある。大企業が「消費しな!」とお膳立てした伴奏に乗って歌を歌うことが楽しいことなのか? **どこかの大企業が用意した娯楽**

の上で踊り踊らされているだけ。「The消費者」にさせられている違和感だ。クリエイティブ性が削がれている気がしてしまう。誰かの家で交流する場合は、それぞれの特技が芸になり、それを披露し、盛り上がる。上手い、下手などどうでもいい。その人そのもののクリエイティブ性にこそ、生で感じられる楽しさがあると思うのだ。居酒屋やカラオケで、企業や他人の作った土俵で踊らされてお金を使わされる。仕事のストレスの憂さを晴らすことまで、大企業に用意されてしまう。もうそんなつまらない世界観には戻れない。

■自分で作ることが、楽しいからする

私の匝瑳の自宅は築40年くらいだろうか。中古で安く買った。月日が経つにつれ、様々壊れてくる。雨樋が壊れた時も、方法を模索して直した。倉庫が雨漏りした時も、里山から切り出した竹で直した。トイレの便座がゆらゆらしていたのも、床を剝がして、新しい板でオシャレに貼り直し、便座を固定した。勝手口の木戸が開かなくなった時も、家に余っている木材と竹材で丸一日かけて新しい扉を作って取り付けた。伸縮型のアルミ系の材でできた門扉が壊れた時も、地元の材木屋さんから木材を調達して木製の扉を作った。そういうことを繰り返してきて、家の維持にお金があまりかからない。

ちなみに、私は昔から大工作業などができたのではない。12年前にお店を出す時が最初の大工作業だった。失敗だらけだった。しかしなんとか業者に頼まずに、外の間口も扉も床もカウンターも棚も靴箱も、すべての内装外装を洒落た雰囲気に自分で手掛けた。お米を作るようになって土木作業もできるようになり、必要なものを揃えるのに山で竹を切り出すことなどもできるようになった。この12年間でできないことが少しずつできるようになってきただけだ。お金がないから、智恵や工夫や手作業ができるようになった。今ではお金を掛けないという目的でなく、**作ったり工夫したりすることこそが楽しいからそうするようになっている。**

私だけができるようになったのではない。千葉県匝瑳に移住してくる皆が、最初は何もできなかったのに、今では私より何でもできるようになった。女性でもできるようになる。

匝瑳市の隣に移住してきた有馬さん夫婦の場合、彼女が電気工事士の資格まで取ってしまった程。夫婦どちらかが赤ん坊を世話しながら、DIYが進んで家がお洒落になってゆく。50歳を過ぎて山梨に半移住したYさんご夫婦は、2人ともDIY力を高めている。彼もさることながら、彼女がすごい。1人でトイレの床もキッチンの棚や扉もDIYしてしまう。しかもとっても可愛くてお洒落だ。お米を育てるのが難しくないように、**DIYもその場の環境に身を置けば、誰でもできるようになることなの**

で、心配しないでほしい。

■自分で作る、持続可能な未来

余談だが、昨今、手ぬぐいを貰うことが多い。手ぬぐいはすぐ乾き、かさばらず、タオル代わり、ハンカチ代わり、バンダナ代わり、エコバッグ代わり、包帯代わりになるなど、とても重宝だ。しかし、たくさんありすぎても使わない。先日、この1年以上履いていた運動靴が寿命を迎えた。捨てるにあたり紐を外した。すると伸縮するし、腰まわり以上の長さがあった。

思いついた。手ぬぐいと靴紐でふんどしを作ろうと。手ぬぐいの端を1センチほど折り返して縫い、紐を通すだけ。認知症の義母が作業してくれた。義母は自分でできる作業があることに喜び、私は素敵なふんどしを手に入れた。パンツを買うお金がないわけではない。**自作できることや知恵が生まれることが嬉しいのだ。**和柄のふんどし、なかなかのお気に入りだ。これもチャップリンの言う「想像力」⁉ ちなみに、ゴムのついたパンツは男女共に体に良くない。内臓を締め付ける。性器への通気も悪い。ふんどしが見直されているので、皆さんも自作してみては？

さて、自分で何でも作ってしまう人がどんどん増えてしまうと、GDPが減る。アべノミクス的には怒られそうである……しかし、安心度と充足度と幸福度は上がった。GDPが大きくならずとも、経済成長が成らずとも、暮らしは充実できる。そういう選択肢と実践者が増えれば、適量生産・適量消費・廃棄ゼロという持続可能な未来に近づけるのだ。

■「FEC自給圏」という地域のあり方

FEC自給圏という言葉がある。そう新しい言葉ではない。経済評論家の内橋克人さんが提唱してきた経済のあり方だ。「F」はFood＝食べ物、「E」はEnergy＝エネルギー、「C」はCare＝福祉。その3つを地域で自給するのがいい、という考え方だ。

当然、消費者と生産者が近づく。加害者と被害者になってしまっていた人たちの、顔と顔が近づく。**そういう範囲の地域で自給することで、自ずと食べ物はより安心に、エネルギーは安全に、福祉は一人一人の違いに沿ったものに、というベクトルになってゆく。**先にも述べた憲法25条の「すべて国民は、健康で文化的な最低限度の生活を営む権利を有する」には、食べ物とエネルギーと福祉に加えて家があれば充足する。それらを地域で自給循環できるようにできれば安全安心ということだ。コミュニティも深まるので、自殺リスクも低減される。

地域での自給循環と言ったからとて、地域に籠ることではない。かつての閉鎖社会に戻ることではない。生きることに必要なものを、遠くの他者や大企業に預けすぎないということだ。地域に水と食べ物がなかったら、地域で電気が作れなかったら、地域に支え合いがなかったら、災害や経済危機の時、どう生き延びるのだろう。今までの経済では、モノは安さを求めて遠くから運んでくることが当たり前になってしまった。物流が寸断されたらどうするのだろう。福祉も国任せにしていたら、年金も本当にしっかりもらえるかわからない状態になってしまっていて、健康保険も介護保険も障がい者保険も失業保険も個人負担だけは大きくなるが、受けられるサービスは縮小されてきてしまった。国が「もうできない」と言ったら、どうなるのだろう。

本当は、北欧のデンマークなどのように、教育も老後も政府が保障するカタチが望ましい。教育にもお金がかからず、老後にもお金がかからない。だから貯蓄などしなくてもいいし、国を信頼して低収入でも大丈夫なわけだ。**税金は高いが、その恩恵を誰もが授かるのだから、痛税感（納税を負担に感じること）が小さい**。日本は教育の予算はＯＥＣＤ加盟国34カ国の中でも最下位。年金生活に入ると現役で働いていた時に比べて35％の収入になってしまう。これはＯＥＣＤ加盟国で下から5番目。オランダは90％、スペインは82％、ＯＥＣＤ平均は53％だ。

しかも今、アベノミクスによって私たちが払っている年金の積立金は大幅に株に運用できるようにされて、様々な問題に派生している。老人福祉の予算も、じわじわカットされてきている。税金や年金が何に使われているかわからないから痛税感が大きくなる。政府をアテにせずに、自分たちで低収入でも生き抜くカタチを作らねばならないのは、実は悲しい。

遠くの他者や遠くの企業やアテにできない政府に、安心やいのちを預けてしまっている依存度を少しずつ下げて、自分たちに、もしくは自分たちの地域に少しずつ自主性を取り戻してゆくことが、これから必要になる。大型ショッピングセンターやマクドナルドやスターバックスのようなチェーンのお店しか残っていない状況から、小さな商店街に定食屋や喫茶店や本屋や道具屋が再び復活してくるイメージだ。

■非生産性と非効率性こそ

地域を中心に大切なものが巡る時代へ。その折に、視点や価値観の変革が必要だ。今までの経済の効率性では、より大きく、より速く、より安く、がメインストリームだった。しかし、これからは「非生産的」「非効率的」な分野にも重きを置く。例えば、子育て・介護・小型自然エネルギー・農業・ナリワイなど。

どれも経済的生産性も時間的効率性も低い。子育ても介護も、経済性だけで判断したら非効率で非生産的だが、少子高齢化社会において一番重要で大切な分野だ。GDPアップや大きな利益に貢献しないからといって、切り捨てていいものではない。「非生産的」「非効率的」でも必要なものには雇用を作り、お金を投資してゆかねばならない。1万人の暮らしの暖房を電気とガスで賄う際、雇用は13人で可能という。電気もガスも、今の経済システムでは、ウラン、石油、石炭、天然ガスなど、世界の遠くから運んでこなければならない。**一方、同じ条件を、地域の山の間伐材で作った木材ペレットで賄うと、135人の雇用が生まれるという。**木材は日本中の森林で荒れたまま使われずに余っている遊休資産だ。今までの価値観では、13人という少人数の雇用でたくさんの需要に対応できるほうが素晴らしいと考えた。しかしこれからの時代は、135人もの雇用を用意できるという価値観が優先されるだろう。

■君はロボットに介護してもらいたい？

同じように、原発に関わる労働者は8万人と言われるが、**自然エネルギーの地産地消では60万人の雇用が生まれるという。**その際、消費者は払う値段が高くなるかもしれない。木材ペレットの135人の労働者や、自然エネルギーで生まれる60万人の労働者は、給料が安くなるに違いない。それで暮らしていけるの？　という疑問が出てくるかもしれない。だからこそ前項で書いたように、非市場領域を活かしていればどうにでもなるのだ。農地を借りられて食べ物を半自給しつつ住まいも安く借りられていれば、低収入でも十分暮らせる。地域に有益な仕事が生まれることや、エコとかサステイナブル（持続可能性）につながる事業だということが近隣で見えるならば、そこに価値を認め、お金を払う人が増える。

「非生産的」や「非効率的」はそもそも悪いものではない。君が介護されるようになった時、ロボットに手助けされたいだろうか？　人がいいだろうか？　意見は分かれるだろう。ケースバイケースなこともある。しかし、ロボットだけしか選択肢がないとしたらどうか？　現在においても、介護職人口が70〜80万人足りないと言われている。原因は労働環境が劣悪で給料が安いからだ。介護職への見下した偏見もある。しかし、個別対応が必要な介護の仕事は、これからの時代に最も重要で貴重な分野だ。すべての人がいつか必ず老後や病気を迎え、それを支えてくれるのが介護職なのに、冷遇されていいのか。経済的生産性が低かろうと、時間的効率性が低かろうと、社会的弱者となった千差万別の人々それぞれに寄り添うことこそ、介護の最も大切なこと。時間など短縮できない。利益など生まれない。**時間をかけて一緒に過ごすこと、お金に換算できない価値に重きを置くこと。それこそが介護なのである。**加えてもうひとつ。介護は地域から離れられない分野。だからこそ、地域を担ってくれる介護職は、これからの地域経済の要になるに違いない。

君もいつか介護される時が間違いなく来る。何かを言おうとしたら、話を遮断されて、「こちらの画面に要望を3つだけに絞って箇条書きに100文字以内で書いて5分後に送信してください」と言われたら、どうだろうか? その後にロボットが来てニーズを満たしてくれたとして、心安らかだろうか? 生産性も効率性も高いが、それでいいのだろうか? 人のぬくもりや、何気ない会話こそ人を癒す。非生産的であり非効率であるからこそ、価値が高まるものがある。私はそう思っている。生産性の悪い私のナリワイのBarも、効率性の悪いNPOでの手作業のお米作りも、極めて価値があると思う多くの方々によって支えられている。

■生産性、効率性で奪われるもの

「生産性」や「効率性」には注意点が必要だ。人工知能(AI)やモノのインターネット化(IoT)は、今注目される最先端の生産的で効率的な分野だが、それが進めば進むほど、人の働く場がなくなる。アメリカでは数十年後に今の半分の職種がなくなるとされている。今までだって、そうではないか。技術が進化して効率性が高まると、雇用が減らされた。リストラが進んだ。**本来であれば、効率性が高まったのだから、人の労働時間を減らせばいいのに、そうはならなかった。**職場に勝ち残った人は、リストラされた人の分まで、もっと仕事が増え、重圧が増えた。産業革命後の発展の歴史を見れば、生産的で効率的になればなるほど、人の労働時間は増えてきたのである。人の労働時間を短縮するはずの生産性や効率性が、人の雇用を減らすことに利用され、企業の利益拡大に利用されてきたのである。

生産性や効率性が絶対に良くないと、言いたいのではない。倫理的に考え、着地点を判断し、行動することが大切なのだ。時に立ち止まる勇気こそ、これからの時代に必要な決断力だと思っている。

さて、今までは大手電力会社が独占してきた電気に依存しなくても、地域や個人で電気を自給できるようになれば、近代的で文化的な暮らしは十分維持できる。ＩＴやスマートフォンで世界の情報とつながり、情報交換や交流ができる。３Ｄプリンターや IT の進化のおかげで、地域、または地域をまたがった有志によるプロジェクトで、大企業に勝るとも劣らない技術や発明が創造できるようになった。そんな生産性と効率性は駆使してゆけばいい。

一方、食べ物、電気、福祉、そして家など、それらを地域で賄い、循環させる。手作りや支え合いなど、非生産的で非効率、ローテクなものを選んだほうが安心度や幸福度が高い。やっとそんな成熟社会に向かってゆける。楽しそうじゃないか。今は移行期における混乱。数十年の時間を経ながら、グローバル化の先のローカル化がすでに始まっている。そうやって、**グローバル化が生み出した負の側面や格差を、非生産的で非効率的な方法や分野で矯正してゆくことが可能なのだ。**

■基本となるのは食べ物があること

私が特に強調したいのは、誰もが望めば農的な暮らしで自分の食べ物をある程度手にできる世の中。すでに世界中の人々が気づき、土に向かい始めている。前にも書いたが、ソ連が崩壊した時、都市部の人もダーチャという泊まれる小屋付き週末農園があったから混乱が起こらなかった。キューバはアメリカからもソ連からも見放された時、都市部もコンクリートを剝がして有機農業を促進し、自給政策で健康社会を作りながら危機を切り抜けた。ドイツではクラインガルテンという市民農園が発達していて、平均で100坪という完全自給ができるほどの農地を小屋付きで30年も借りられて、50万人以上が利用している。アメリカで経済崩壊著しいデトロイトやオークランドでも、困窮層が空き地を農園に変えて食料の地域自給を始めている。

日本では、これだけ農家さんが経済的に虐げられてきて、農業での収入は年間で100万円〜200万円くらいの方々が多い。私の親しく尊敬している農家さんなども年収200万円以下の方が沢山いる。それでも子どもを全員大学に行かせた、という話をたくさん聞く。金遣いが悪いこともなく、せこせこしていることもない。むしろ金遣いがいい。どうして？　と不思議に思っていた。しかし、自ら自給するようになって気づいた。それが可能だったのは、自分たちで食べ物を作っていること、家があること、大抵のことは自分たちでできることで、出費が少なく、残るお金があるからだ。使うべきところには躊躇せず使える大胆さも持ち合わせるのだ。田畑で食べ物を作れる自信と根拠があるから、お金が少々だって死ぬことはない、という芯が貫かれているのだろう。

いよいよ、脱消費と田園回帰の時代が始まりつつある。それは世の中のあらゆる問題や課題を解決してゆく糸口になる。

■自給する幸せと満足感

半農半X、国民皆農、市民皆農、総自給的社会、一億万耕……。言葉は何を使ってもいい。言葉を創ってもいい。誰もが望めば自給できる社会へ。それが私の夢なのだ。まぁ色々書いたが、理屈抜きの真実がある。**自給すると絶対的に食べ物がみずみずし**

くて何より美味しい。私は都会的「The消費者」暮らしが38年。人並みにお金を叩いてグルメと言われる美味しいものを食べてきた自負がある。それなりに舌も肥えてきたはずである。そして半自給暮らしを始めて8年。その間、自らや家族が作るもの、身近な人が作るものを食べる機会が圧倒的に増えた。気づくことがある。

38年間、お金を出して美味しいと思っていたものが、いかに鮮度もなく美味しくなかったか。田舎で調達できる食べ物は、値段も安いことながら、圧倒的に新鮮で美味しいのである。

■本当に美味しい食べ物がもたらす幸せ

ある講演会に呼ばれて、収入が数千万円と思われる方と一緒にトークしたことがある。私が「収入が少なく贅沢の回数は減れども、自分で作るものは相対的にも絶対的にも美味しいのだ」と話した後、その方はこう言った。「私はレストランに行って値段を気にせずに注文できる幸せを追求したい」。それもアリだろう。しかし数千万円を稼いでも、未だに値段を見ずに注文できないとしたら、さらにいくら稼ぎ、そのためにいくら働き、どれほどのストレスを乗り越えれば、それが可能になるのだろうか。都会のレストランで出されるものは、遠くから運ばれてきた鮮度が落ちたものであり、どんな調理で何が入っているかもわからない。私はそんなに働かずとも、自ら作り、もしくは身近な信頼できる家族や知人が作った新鮮なものを、毎日のように食べられる幸せを今すでに得ている。もはや都会のレストランや居酒屋で美味しいと言われる店に行っても、実際に美味しいと思うことは滅多にない。むしろ口内炎ができたり翌日に腹を壊したりするのがオチだ。

毎日、美味しいものを食べて、美味しいな、と口ずさむ幸せ。よくよく考えてみれば、それ以上に何を求めるものがあるだろうか。食卓に上る料理をよく噛みしめていれば、足るを知る喜びと、感謝の念が自ずと湧いてくる。人は食べるために生まれたと言っても過言ではない。なのに、その根っこを忘れて、余計なことばかりに腐心しているのである。

■税収は？　財源はどうなる？

誰もが、脱消費へ、田園回帰へ、ナリワイへ、自給へ、となったら税収はどうなるんだ？　と心配する人がいる。社会福祉の財源はどうするんだ？　と心配する人がいる。心配ご無用。誰もがそうはならない。モノが好きな人、都市が好きな人、勤め人を選ぶ人、自給の労力など嫌な人、人は千差万別でいい。**全員に同じ暮らし方や働き方を強要することなどできないし、する必要もない。望む人が目指せばいいだけだ。**望む人の中でも「０」か「１００」ということでなく、部分的でいいし、混合的でいいし、選択肢が開かれていればいいのである。

今でも税収も財源も足りない。そもそも税の使い方自体が、省庁の縦割りで、硬直的で、前年踏襲的で、どうもオカシイと誰もが認識していることだろう。

国の歳出で一番大きいのは社会保障関連費。歳出全体の3分の1を占める。中で大きいのが年金で約60兆円、次いで医療費で、約41兆円。医療費はこのままのシステムでいけば、10年後に54兆円にも跳ね上がる。現在の医療では、病院にかかるほど、薬を出すほど、医療業界が儲かり、国の医療費負担が大きくなる。病人が増えたほうがGDPが上がるのである。しかし、GDPが上がろうと、病気になって喜ぶ人はいない。病気や病人は少ないほうがいいに決まっている。痛いのも辛いのも嫌に決まっている。ならば、未病医療、健康医療にしてゆけば、人々は病気が減って嬉しいし、健康になって嬉しいし、病院代や薬代も減って嬉しい。国としても随分と財源を削減できる。病気にならない健康指導や食事指導をして、病気や病人を少なくしてゆけばいいのである。

興味深いデータがある。アメリカでは、1950年、家計費の中で食料費比率は28・2%で医療費比率は4・6%だった。ところが2013年には、食料費比率は12・9%で半分以下になり、医療費比率は24・1%で5倍以上になった。**食費を減らした反面で病気が増えたということである。**安い加工品を食べてばかりだと、健康を損なうという証でもある。

日本で長寿と言われる長野県と沖縄県。1985年、沖縄県は男女ともに長寿ナンバー1だったが、2013年、男性が29位、女性が3位まで転落した。アメリカ軍事基地などの影響が強く、食の欧米化、ファーストフード化が原因と言われている。特に男性は外食が多くなるゆえだろう。1965年、長野県は男性が9位で女性が26位だった。しかし、行政が「健康長寿課」を創設し、食生活の改善運動やPPK（ピンピンコロリ）運動を普及展開した結果、今では男女共に長寿ナンバー1の県になった。長野県は野菜を食べる量が日本一であったり、自給をする人が多かったり、高低差が激しいので足腰が強かったり、民間医療が盛んであることなども、長寿に寄与しているだろう。**予防や未病に医療転換すれば、医療費は半分以下になると言う人もいる。**

私のまわりの「医食同源」や「自然療法」を実践している人を見ると、ほとんどが医者に行かず、薬を飲まず、病を治せる。カマで手を切ってしまうような多少のケガや傷も、野草などで充分に治せる。余談だが、私は右手中指を切断したことがある。病院に運ばれ、通院もしたが治りが悪かった。病院通いをやめて、ハチミツを塗るなどの自然療法を試したら、失った指の先が3日で1㎝も伸びて、爪も復活した。知人の医者も驚いていた。失った指が、伸びて戻ったのだ。

脱消費的暮らしはGDPを減らすものの、一人一人が自分の身体に向き合い、免疫力や自己治癒力を高めて健康になり、国の医療費や社会保障関連費を減らすことに貢献する。

■困っている人を助ける、というシンプルなルール

年金を減らすわけにはいかない。生活保護費などを減らすわけにはいかない。子育て教育費はもっと充実させねばならない。現在の社会保障では年金を顕著な例として、若年層が高齢層を支えている。しかし、若年層でも困ってない人（資産家、経営者、正規社員、ナリワイ人など）もいれば、困っている人（障がい者、非正規、フリーター、引きこもりなど）もいる。高齢層でも、困ってない人（高年金者、高貯蓄者、金融商品保持者、現役経営者、現役ナリワイ人など）もいれば、困っている人（無収入、障がい者、低年金者、低貯蓄者など）もいる。

ゆえに現在の世代間移譲は不公平だ。生活が苦しくて自立できない若者がさらに年金支払いの出費で苦しくなったり、収入や貯蓄が多い年配者が過分に年金を貰ったり、不公平なのである。であるならば、**困ってない人が困っている人の分を負担する形にするほうがベターになる。**

収入や貯蓄がある人が多くを負担し、収入や貯蓄がない人がサポートを受ける。負担者と受益者のバランスで配分や予算を組めばいいのだから、歳出が青天井になるこ

とはない。いたってシンプルである。

■税収源なんていくらでもある

税収源は、実はいくらでもある。政府が大企業や富裕層と癒着して、彼らを優遇しているだけである。所得税の最高税率はかつて70%超あったが今は45%。それを70%に戻せばいい。また、株の売却などから得られる金融所得を累進課税にすれば3〜4兆円の税収増になる。大きな収入がある人ほど、税金を負担するのは当たり前である。法人実効税率は2011年時点で40%弱だったが、たった数年で30%以下に減らした。しかし浮いた利益を人件費にも設備投資にも使わず、内部留保に溜め込んだ。法人実効税率を40%まで戻し、内部留保にも課税すればいい。産業界は国際競争力が下がるとか、工場を海外に移すとか言うだろうが、それが単なる脅しでナンセンスなことは前述した。環境破壊や資源の枯渇に対処する環境税もどんどん導入すべきだろう。石炭・石油・天然ガス・ウランなどに税金をかけ、それらを使う商品やサービスには税負担分を価格に上乗せさせればいい。値段が上がれば、消費が抑制される。

パナマ文書でも話題になった、大企業や富裕層が税金逃れに利用するタックスヘイブンにも課税して当然だ。最低でも5兆円は徴収できるという。国境を越える投資やモノや人の移動に課税する国際連帯税の構想が進んできている。航空・海上輸送税、航空券税、多国籍企業税、武器取引税、金融取引税、通貨取引税、などなど。**困っていない人や企業に社会貢献として税金をより多く払ってもらい、困っている人や地域に分配する。**今の経済システムと税制システムが不公平でわかりづらいのだから、公平性を期し、オープンにすればいいだけの話である。

何事も変革は難しい。既得権益を持っている側が邪魔をする。しかし、変革が起こらなければ、この世の中は破綻するし、人類はゆっくりと滅んでゆく。未来は今の延長線上にしかないと諦めるより、選択肢があると知れば道が開けてくる。そして、先に変革へ働きかけている人たちがいてくれる。微力だとしても、君も変えてゆく側の1人になれる時代が来ているじゃないか。

■「新しく作る」以外の公共事業

経済成長など結果でしかない。それが目的になっているからオカシイのだ。経済成長しなくても大丈夫、となれば、今まででは考えつかない選択肢が生まれる。公共事業がなくなったらゼネコンや地方の建設会社などが立ち行かなくなる、などと言われる。しかし、より多く作るだけが公共事業や建設事業ではない。人口が減り、様々な需要が減る中で、ダムや発電所も少なくしてゆく時代に入る。アメリカではダムを解体する事業がどんどん進んでいる。庶民がツルハシやハンマーを持ってダムを壊そうとしても、そりゃ無理だ。ゼネコンでなければ穏やかに解体できない。地元の建設会社が、ダムができる前の河川の流れなどを丁寧に調査して、ダム解体後の河川の再生を担えるだろう。

原発を止める、と政府が決めさえすれば、廃炉などの研究と実践において、世界をリードしてゆけるだろうし、放射性廃棄物を閉じ込める業務は何億年と続く公共事業となる。立地自治体は、原発が止まったからといって仕事がなくなるわけではない。政官財、そして、庶民一人一人が、経済成長以外の選択肢を持つことで、閉塞感は再生への希望になる。Re Life, Re Work だけでなく、未来社会の Re Design が生まれ始めている。

■目指すべきは選択肢がたくさんある社会

私の中には未来の社会ビジョンがある。誰もが上を目指さねばと思い込まされている現代、そこから落ちこぼれたり、ついてゆけない人たちが溢れ出ている。上など目指さなくていい。ついて行く必要などない。経済成長は人間を含むすべてのいのちを脅かしてゆく行為なのだから。経済成長など関係なく、誰もが満足して暮らせる社会に近づけること。それが私の目指す社会ビジョンだ。上を目指さずとも、誰もが尊重され、いのちと自由を脅かされず、満足感に溢れる働き方と暮らし方ができ得る、そんな具体的なあり方を示したいと思い続けてきた。

低コストライフがまさにそれだ。都市部から離れて、主のいなくなった空き家を改修し、田んぼや畑で半自給し、足りないものは互いに補い合い、使い古された車を安く手に入れ、電気などのエネルギーを自ら作るか地域から調達し、世界の人々と情報を共有し、誰かに気兼ねせずに堂々と自由に言葉を発することができ、誰からもいのちを脅かされることなく安心して暮らせること。それらを低コストでできること。

誰もがそうする必要はない。企業に勤める人がいていい。お金を儲けたい人がいていい。大きくなりたい企業があっていい。しかし、成長や拡大を強要されて他に選択肢がない今の経済社会にオカシイと言いたいのだ。違う選択でも豊かに生きられることを伝えたいのだ。**選択肢があれば、人生そのものをどちらかに選んでもいいし、人生の折々でどちらかに変えてもいい。**

人口が確実に減ってゆく中で、マクロとして経済は小さくなってゆくが、それぞれの人の生き方は、その折々で、上を目指しても下を目指しても、都会を目指しても田舎を目指しても、選択は自由だ。人口が減って経済が小さくなっても、今の便利さが全くなくなるわけではない。江戸時代や石器時代に戻るわけでもない。簡単／便利／快適を強要されて選択肢を奪われることがオカシイと言いたいのだ。デジタル化でテレビを全員が買い換えねばならないとか、電車や路線バスを廃して、車以外の交通手段をなくしてしまうとか。
選択肢が沢山ある世の中こそ、自由であり、豊かであり、個性が認め合える世の中だと思う。

■すべて、君が選べる

今の資本主義の行き着く先。それは過度の生き残り競争を経ながらの人類滅亡への道。そう気づいていないなら、君はどうかしている。だから今のままの先には「次の時代」は来ない。ということは「次の時代を先に生きる」とは、次の時代を作ってゆくランナーになること。今、悩み、オカシイと思って行動を始める君こそが、次の時代をクリエイトする。どう、ちょっと楽しそうでしょ！

「Ｔｈｅ消費者」として生きるか、クリエイトして生きるか？
誰かが作った偽物を食べて生きるか、自給して本物を食べて生きるか？
雇われて生きるか、ナリワイで生きるか？
経済成長神話にぶら下がって生きるか、自分の経済軸で生きるか？
グローバリゼーションに翻弄されて生きるか、
ローカリゼーションの主役になって生きるか？

廃れゆく時代にしがみついて生きるか、次の時代を先に生きるか？
未来世代に恨まれて死んでゆくか、未来世代に背中を見せて死んでゆくか？
いずれと思いながら何もせずに後悔で死んでゆくか、
今したいことをして常に満足で死んでゆくか？

すべて、君の選択である。

Ending
おわりに

Introductionで書いた、農業機器メーカー。農業人口が減ってゆく現実の中で売上アップを目指すのでなく、売上ダウンを肯定的に受け止めて、持続可能な企業体質にリノベーションを図っていたらどうだったろうか。

例えば、従業員に市場縮小の冷静な分析を丁寧に説明して、意見聴取して、ワークシェアリングを導入する。従来の勤務体系以外に、週休3日や週休4日の勤務体系も導入する。午前だけ勤務、午後だけ勤務も導入する。給料は労働時間や責務が減った分だけ少なくする。他方、会社として安全安心の自給米を栽培して従業員に低価格で提供するとか、米作り／野菜作り／独立起業の無料講座を社内開催するとか、近隣農村への移住斡旋や空き家斡旋をするとか、半農半Xや農家さんやナリワイへの選択を用意したらいい。これなら会社都合だけのリストラにはならない。退職後までサポートし、誠意を尽くすのである。

独立した半農半Xや農家が軌道に乗るまで彼らの農産物を従業員に斡旋したり、社内食堂の食材として購入するのもいいだろう。農の現場を持つ彼らと提携して、農業機器の新技術開発に活かすこともできるだろう。長じて言えば、農家を増やし、販売先を増やすことにつながる。会社として小さく縮小して筋肉質になり、農家のニーズを汲んだ商品を提供できれば、必ずファンがつく。売ってナンボでなく、アフターケアも誠意を尽くせば、必ず信頼が生まれる。信頼は商売の持続可能性につながる。従業員は仕事に誇りを持ち、会社への信頼も高まって、業績に還元されるに違いない。

上記は私の素人考えかもしれない。しかし、縮小を現実のことと受け止められれば、売上拡大だけの志向では思いつかない選択肢や可能性がたくさん生まれるはずだ。ワクワクさえする。まさに成長から、成熟へのチャレンジである。

人はオギャーと生まれてから成長を続け、20歳前後になったらもう背は伸びない。歳を経るにつれて衰えが始まる。だからと言って人生のピークが20歳前後なんてことはない。私にしても、体力が落ちただろう、食べる量も酒の量も減っただろう、無理もできなくなっただろう、夜更かしもできなくなっただろう。でも、知恵や経験は増してきた。常に人生のピークだと思っている。この歳で体力を競って誰かに勝つ必要などない、食べる量や酒をこの歳になって増やす必要などない、無理して何かを犠牲にする必要などない、夜更かしなどする必要がない。**成熟してゆけばいいのだ。**この国にしても、世界にしても、経済にしても、同じことだ。いつまでも全力疾走する必要はない。

「もうそろそろ頑張るのやめたら、日本人は幸せになれますよ」。

もうできないこと、やらなくていいこと、やってはいけないこと、良心に反すること、道義的に嫌なこと、無理を重ねること、そうしたことに頑張るのをやめればいい。そして気づいた人から先に、地域に降りて、人と自然につながって、小さなナリワイで食べていこう。米や野菜を作って食べていこう。良心の呵責なく、嫌なことはせず、人に喜ばれることをして生きてゆこう。低収入でもいい、誇りを持って、豊かに満足感を持って生きてゆこう。

世界中の人が公務員になったら世の中は回らない。世界中の人が技術者になったら世の中は回らない。世界中の人が営業になったら世の中は回らない。世界中の人が弁護士になったら世の中は回らない。世界中の人が肉屋になったら世の中は回らない。世界中の人が兵士になったら世の中は回らない。しかし、世界中の人がやっても世の中がうまく回る働き方がある。答えは百姓だ。半農半Xだ。食べ物を自給し、それ以外の時間でナリワイや人のお役に立つことをする。足りないものは、足りている人から買うか、譲りうける。

それは相互補完社会と言ってもいい。人それぞれが足りないものを補い合う社会。苦手な人を得意な人が補う。できない人をできる人が補う、持たない人を持てる人が補う。裏返して考えれば、苦手な人は得意な人に役割を届けている。できない人はできる人に役割を届けている。持たない人は持てる人に役割を届けている。すると、誰にでもある「苦手なこと」「できないこと」「持たないこと」が、短所やダメなところではなく、誰かのお役に立っていることになる。自分の短所やダメなところが誰かに役割を届けているのだ。誰もがパーフェクトになる必要などない。デコボコでいい。デコボコがパズルのように組み合わさるから経済となり、社会となる。そう考えられれば、自分の短所やダメを許すことができる。自分を認められるようになる。するとおのずと他人の短所やダメなところも許し、認められるようになる。人々がお互いに、おおらかで包摂的になれる。本来、経済とは互いを補完するために始まったはずだ。苛烈に競争し、蹴落としあい、巨大化し、儲けを貪るためだったわけがない。本来のまともな経済に Re Design する。私はそう夢想している。

原稿を書き終わった。ちょうど稲刈りの時期と重なった。収穫の喜び。それなりの疲労感とそれを遥かに超える充実感。これでまた1年を生き抜いてゆけるという安心感。自然からの恵みへの感謝。生きていることそのものの幸福感。クールに、しかしジワジワと染み渡ってくる満足感。もうすぐ麗しい新米となる。思えば、この本の原稿も田植えの5月から書き始めた。そして収穫の秋と重なってもうすぐ刊行される。想いが実るのである。

この本を書くキッカケは、佐々木典士さんとの出会いから始まった。彼が書いたベストセラー『ぼくたちに、もうモノは必要ない。』が世間で話題になる中、一緒に講演する機会を頂いた。佐々木さんは編集者でもある（＊その後、独立。著書に『ぼくたちは習慣で、できている。』〔ワニブックス〕）。

ある日、当店に彼が飲みに来ていた。「アベノミクスでますます世の中が壊れてゆく、許せない、『GDPを減らそう！　そして幸せになろう！』みたいなタイトルで本を書きたい」と佐々木さんに何気なしに語った。数週間後、再び佐々木さんが飲みに来て言った、「髙坂さん、書いてください！」。加えて、「髙坂さんの本の仕上げを最後にして、僕も会社を辞めます」と！「さていざ、キーボードを叩き始めた。するると、どうもしっくりこない。『GDPを減らす』という文言に誰が反応を示してくれるのだろうか？　届けたい人に私のメッセージが届くのだろうか？　疑問が生まれ、文章が進まなくなった。タイトルも迷走した。原稿締め切りが約2ヶ月も遅れた。早く書き上げないと、佐々木さんが会社を辞められない、と焦った。しかし、佐々木さんがそんな私に寄り添い、焦らず、一緒に考え、的確なアドヴァイスを与えてくれたお陰で、やっとここまで来れた。佐々木典士さんに心より感謝申し上げたい。佐々木さん、これで辞められるね（笑）（＊この本の単行本の出版後、本当に退職された）。

無知な私に多くの未来像を与えてくれた尊敬する方々、皆さんに、心より感謝申し上げたい。私の小さなＢａｒに日本中から訪ねてくる方々が、様々な情報や知恵や気づきを届けてくれる。田んぼに訪ねて来てくれる方々が、同じく様々なことを届けてくれる。NPO SOSA PROJECTのメンバーはじめ、一緒に社会活動する諸先輩や仲間たちが、同じく様々なことを届けてくれる。心より感謝申し上げたい。原稿にかかりっきりの私を受け止めてくれた妻と義理の息子に心より感謝申し上げたい。私の足りない部分を温かく受け止めてくれている皆さんに心より感謝申し上げたい。この本に記したことは、私が考え出したことではない。いろんな方々が私に伝えてくれたことをミックスしただけである。

この本が、Re Lifeしたい人、Re Workしたい人、未来に向けて世の中をRe

Designしたい人のお役に立てるのなら、こんな幸せなことはない。最後まで読み進んでくださった読者の皆さんに、心より感謝申し上げる。

Be Happy！

高坂　勝

文庫版のために

今年2019年も、世界中から異常気象の悲報が聞こえてきた。私が住む千葉県匝瑳市でも台風15号、その後の19号と豪雨の影響は前代未聞だった。我が家も屋根が剝がされ、家中が雨漏りした。これらは自然災害ではない、人災だ。そろそろ、「経済成長中毒」なことを受け止め、次の時代に抜け出す必要を感じないか。民間投資とか、財政投入とか、金融政策とか、一億総活躍とか、すべてやるだけやってはみたものの、すべて未達成では？　無駄で愚かな国土強靭化や原発輸出やカジノ構想まで飛び出す始末。インフレターゲット2％すら全く届かない。やっぱり何をやっても、人の暮らしも給料も上向かない。逆に苦しさが増していないか。詐欺だ。原因は、「経済成長中毒」から抜け出さないから。もはやどんな薬も効かない。

2017年に日立京大ラボがＡＩを使った研究発表をした。その名は「ＡＩの活用により、持続可能な日本の未来に向けた政策を提言」。ＡＩでシミュレーションしたところ、２０２５年頃を境に「都市集中シナリオ」か「地方分散シナリオ」か、どちらに向かうかで日本の２０５０年の答えが出るというのだ。

都市集中シナリオに進めば、地方は衰退し、出生率は低下し、格差は更に広がり、健康寿命や幸福感も低下する。

地方分散シナリオに進めば、地方に人が分散し、出生率が持ち直し、格差が縮小し、健康寿命も幸福感も増大する。

どちらがステキな未来か、誰でもわかるだろう。地方分散シナリオに進めても、それだけではダメらしい。２０３５年頃に地域循環経済に移行できなければ、結局はやっぱりダメだという。そして面白いのは、持続可能に進む鍵は、政治や経済の主導ではない、とＡＩが示したこと。なんと、「個人の生き方が分岐を左右する」というのだ。まさに、時代の先を生きることが、自分や地域だけでなく、日本社会を変えてゆくという。個人は微力だけど無力ではない、ということを最先端のＡＩが示したのだ。まぁしかし、私に聞いてくれたり、この本を先に読んでいれば、ＡＩに聞かずとも済んだのにね(笑)。とはいえ、ＡＩが後付けしてくれたことは心強い。

日本だけの話ではない。ニューヨークタイムズのコラミストのデイビッド・ブルックスがこう書いていた。

「次の時代にくるのは、おそらくこのローカリズムの波だろう」
「賢い若者は中央を離れ、目に見える変化を起こせる地方へと移っていく」
「ローカリズムの文字通りの意味は権力構造をひっくり返すことだ」
「ローカリズムにおいての成功は、どれだけ大きなスケールかでなく、どれだけ深く関わるかだ」
「ローカリズムは、人々が互いに顔の見える思いやりある関係の中で、自分たちのコミュニティーを一緒に築いていくときにこそ最も幸せなのだという考えだ」
（出典：朝日新聞デジタル 2018.7.28「地域主義の復活　人間味のある緩やかな革命」https://www.asahi.com/articles/DA3S13609832.html）

地方分散化、ローカル化は、世界中で見える化してきている事実なのだ。

自営農業者の健康寿命が長いことも早稲田大学の研究でわかった。自営農業者はそれ以外の人より男性で約8年・女性で約2年の長生き、引退年齢は男性で約10年、女性で約12年長く、入院数が少なく、老衰のピンピンコロリが多い。結果として、医療費は約3割も少なくなる。当人や家族の負担が少なくなるだけでなく、自治体や国の医療費減少にも貢献するわけだ。

（出典：早稲田大学「ピンピンコロリ！　農業者は長寿で元気！　国内初「農業者の後期高齢者医療費は非農業者の7割」を証明」https://www.waseda.jp/top/news/topic/52003）

以上、日本の未来、世界の未来、人の寿命の傾向をみて頂いたが、君は地方型？　都市型？

さて、東京まで3時間弱の千葉県匝瑳市に、私は完全移住した。どう生きているだろうか。

台風15号で壊された屋根は自分で直せた。トイレの汚水が流れる浄化槽が詰まった時も自分で直せた。築200年の少し傾いた古民家を有志たちと直した。伝統製法のスモールハウスをワークショップで作った。風呂もトイレも1人で作れるようになった。そうしてDIY作業を重ねて知恵と技術が増えてゆく。

株式会社も2018年に設立してみた（が、利益はほぼないし、社員もいない）。その会社の経理と決算と決算申告書を税理士さんに頼まず1人でこなした。

移住仲間が狩猟で射止めた野生のマガモをおろせるようになった。庭の小さな畑でテキトー農を始めた。野草や山菜を見分けて採る機会が増えた。目の前の海で魚も釣ってみたい。浜でハマグリも採りたい。お裾分けで貰える野菜も増えた。ちょっとした土木作業は自分でやる。電気も少し自給しているので、台風での停電も大丈夫だった。地域での役割も増えた。地元の方々のちょっとした思いやりにプチ感動なんてしょっちゅう。素晴らしい人との出会いは、東京にいた時と変わらない。むしろ、地に足のついた出会いが豊かだ。

料理をする時間も、洗濯する時間も、掃除する時間も、整理整頓する時間も、増えたし、生活に喜びを感じる。お弁当をさっと作って家を出る。庭のハーブを水出しにしてマイボトルに入れて出かける。出ぎわに家の前の道路のポイ捨てゴミを拾って、この野郎、と思うも、広い空に救われて気分良くアクセルを踏み出す。紙ゴミを庭で燃やし、七輪で野菜を焼き、薪でご飯を炊き、日常で火と仲良くなった。灰や生ゴミは畑に戻す。だから無駄に忙しいのである。生命循環の中にいて嬉しいのである。そして、すべてが楽しめるのである。早起きになり、陽の出を眺め、フィールドワークした後、夕陽を横目に家路につく。夜は早いと20時に寝てしまう。体調悪けりゃオロオロ家で過ごし、太陽照れば畑や田んぼに身体が躍り、眠たい時に昼寝する。

何が言いたいか、って、ご覧の通り、あまりお金を使わない。トラブルに見舞われても、お金を掛けずとも自分でなんとかできるように成長できるし、地域の方々とのコラボでなんとかなる。本編で書いたように、洗剤やシャンプーなどをはじめ、日用雑貨を買うことがほぼない。それ以外の必要なモノはたいてい、近隣や知り合いが持て余しているので手に入る。外食はほとんどしない。家で食べるのが一番美味しいからだ。仲間の家や我が家で、一品料理持ち寄りで集い、酒をくらい、寝てしまう。仲間の手作りはもっと美味しい。古着屋が1軒あるので、自分なりのオシャレもできる。池袋にいる時よりオシャレだ（こればかりは感性の問題だが！）。

あまりお金を使わないから、多くを稼ぐ必要がなく、気長でいられる。私の仕事は、NPO、株式会社（古民家を農家民宿にした宿泊業、地域の作業などの請負など、雑多）、執筆、トーク、など。それなりに忙しい。どこまでが仕事で、どこまでが遊びか、わからない。嫌なことはしないし、社会悪なことは断るし、だから経済効率悪く、月に10万円から15万円程度の収入だけだ。でも大丈夫で、呑気だ。忙しかろうと、自分でコントロールできるから、自由で融通がきく。忙しがっているだけかもしれない。楽しいことをしていれば、必然的に忙しくなるのだ。事実、昼寝は欠かさない。しかも寝だしたら1～2時間だ（笑）。

こんなことばかり書いていると、「お前はアナログばかり追い求め、AI時代に置いていかれるぞ」と言われるかもしれない。別に構わない。が、ＡＩを否定などしていない。現にこの原稿をＭａｃのＰＣやスマホの先端アプリを駆使して書いている。ＡＩなどの技術や情報を取捨選択して利用し、享受してゆくつもりだ。私は考える。ＡＩ時代こそ、アナログ人間力が必要になると。ＡＩなどの技術や情報に完全依存すると、すべてのことを消費させられて、まさに「Ｔｈｅ消費者」に成り下がる。すると便利・快適な一方で、ますますお金を稼ぐ必要に迫られ、忙しくなり、ストレスが増え、家でゆっくり便利・快適を享受する時間がますます減る。考えることも奪われ、手足指を動かすことも奪われ、便利・快適に身を委ねるほど瞬発力も体力も落ちる。健康寿命を短くするに違いない。経済成長と効率化と生産性向上で、私たちはスローな時間と健康を得るどころか、時間も安らぎも奪われてきたじゃないか。ＡＩ時代と上手に付き合い、アナログ人間力をちょっとずつ増やし、そのバランスで暮らすことが、健全な幸せに繋がる。

さて、この分厚い文庫本を最後まで読んでくださり、感謝だ。嬉しい。ありがとう。どう思うかは君次第だ。だがもう一度言わせて欲しい。経済成長中毒から抜け出して、時代の先を生きよう。君を幸せにしてあげよう。ついでに更に、未来の世の中も幸せにしてしまおう。

「たまにはTSUKIでも眺めましょ」。私の営んでいたOrganic Barの名だ。2016年に書いた本編では、読者の迷い人が次々と店に来ないよう、店名を明かさなかった（ギョッ）。だがもう、明かしてもいいだろう。「たまにはTSUKIでも眺めましょ」と。しかし、東京池袋で営んでいた時は、ビルの隙間から稀にしか月が覗かなかった。詐欺だったかもしれない。今、千葉県匝瑳市で、日々、月が昇る場面、月が沈む場面、変わりゆく月のフォルム、ふと夜中に目が覚めても、大きな窓から月がこっちを見ている。その都度、ハッとして、心安らぎ、ただ我、足るを知る幸せに、浸れるのだ。

君も、都市システムにしがみつかずに、地域の循環の渦の中に、降り立ってみないか。

最後に、筑摩書房の編集者・井口かおりさんには、文庫化のお誘いとともに、尖って拙い私の文章助言を多々頂きました。この場を以って感謝いたします。

解説　自分も社会も幸せにするナリワイ

辻井隆行

僕は自分をずっと起業家でなくフォロワーだと思ってきた。どちらかというと今もそう思っている。2019年秋までパタゴニアというアウトドア衣料ブランドで20年間働いた。「社員をサーフィンに行かせよう」という経営哲学は最高だったし、「遊ばざるもの働くべからず」という企業文化も魅力的だった。何より、「故郷である地球を守るためにビジネスを営む」というミッションが全ての経営判断と決断の礎になっていたことは、自分の価値観を深く磨いてくれた。だから、その日本支社の責任者という役割に就いた最後の10年間は、ミッションの実現に貢献したい一心で仕事に打ち込んだ。その成果の一つとして、組織が自分のマネジメント能力を超えるほどに大きくなり、器の限界を自覚して退任した。

僕はパタゴニアという理想の企業と巡り合い、長きにわたってそこで過ごすことが出来た。けれども、誰もが天職だと思える職場と出会う幸運に恵まれるわけではないし、僕にしたって、それは人生の一定期間のことに過ぎない。事実、今の僕はこれからどうやって生きようかと思案しているところだ。そんな時に、ふと、匝瑳《そうさ》市で初めて髙坂さんとお目にかかった時の、飄々としつつも、凜とした表情と佇まいを思い出し、改めて本書を手に取ってみた。

最初に読んだ時、僕の印象に残ったのは、社会のあり方についての髙坂さんの鋭い分析だった。僕の父は、12歳で終戦を迎え、焼け野原だった東京に移住した。疎開先の福島にいた頃の記憶は空腹に関することばかりだと言う。そんな、「今」を生きることが物理的に難しい時代、国をあげて定量的な価値を追い求めたことは、至極当然の成り行きだったと思う。その恩恵を僕も、髙坂さんも、たっぷり受けて大人になった。しかし、戦後の復興を経た日本は経済的には豊かになり、もはや未来のために今を犠牲にして生きる必要はない。髙坂さんも触れている通り、戦勝国アメリカでは、僕が生まれた1968年にロバート・ケネディがGDP（国内総生産、当時はGNP〈国民総生産〉）について言及している。「GNPは全てを測ることが出来るが、それは人生を価値あるものにしてくれる以外のもの全てだ」。この演説に深く共感していた僕は、GDPを真っ向から否定する髙坂さんの歯切れの良い言葉にうなずきながらこの本を読み進めた記憶がある。

そして、今、いわゆる無職になった立場で髙坂さんの言葉を追い直してみた。すると、どうだろう。以前とは全く違うメッセージが次々に目に飛び込んできた。そして、読み終えた後に残ったのは、まるで髙坂さんが、あの柔和な表情で背後から暖かく見守ってくれているかのような安心感だった。

生活に疑問を持ち、幸せな生き方を模索する人々にとって、こんなにも親身に道を示し、背中を押してくれる本はあるのだろうか。ただの「べき」論ではなく、ご自身の経験を元にした血の通った経験論でもあり、知人や友人たちの生き方の転換をきめ細かく紹介してくれる個性溢れる人生論でもあり、それらを体系的に整理した実践的な方法論でもある。だからこそ、本書が、都市生活に疲れ、生きる目的を模索している方々の手に渡ることを強く願う。

戦後の復興という大きな流れの中で形作られた日本の都市は、効率性と画一性を重視して設計されている。そんな空間では、誰もが他者と同じが良いという同調圧力を受けることになりがちで、本当の意味で個性豊かに生きることは容易ではない。だからこそ、高坂さんが言う通り、自然豊かな田舎に行くことで自分らしさが見つかることが多いのだと思う。自然に囲まれていれば、都市のような予定調和では生きていけない。自然には自然のリズムがあって、人間の都合には合わせてくれないからだ。農業や漁業に携わればなおさらのことだろう。だからこそ、田舎に生きることは、今その瞬間を大切にすることであり、多様性やその人らしさが価値を持つ、都市とは違った未来への扉に繋がるのだろう。同時に、もともと地方に生まれて育ったものの、なんとなく自分の田舎に誇りが持てない方々がいるとすれば、そういう皆さまにも読んで欲しいと願う。自然資本や関係性資本の豊かさに気づかず、都市の追従をして個性と自信と生活の手段までをも失っていく地方があまりにも多いからだ。

僕自身はと言えば、定職を持たない身分となった今、改めて本書を読んでみて、フォロワーとしてではなく、これまでの経験を活かして自分なりのナリワイをスタートしてみようかという気に、かなり本気でなってきた。半農までは無理でも、少しくらいは自給して人間としての自信もつけたいという色気も出てきた。この文庫版によって、背景や立場は違っても、僕と同じように背中を押されて、新しい第一歩を踏み出す仲間が増えることをお祈りして、拙い解説に代えさせていただきます。

2019年12月

旅先の、電気もガスも水道もないパプアニューギニアの漁村にて本書は、二〇一六年十一月、ワニブックスより刊行された『次の時代を、先に生きる。——まだ成長しなければ、ダメだと思っている君へ』の書名を変え、書き下ろしを加えたものです。

※5章の一部は、月刊誌『現代農業』2015年3月号〜9月号「ダウンシフトで半農半X」連載を改変。

ちくま文庫

次《つぎ》の時《じ》代《だい》を先《さき》に生《い》きる
――ローカル、半農《はんのう》、ナリワイへ

二〇二〇年二月十日　第一刷発行

著　者　髙坂勝（こうさか・まさる）

発行者　喜入冬子
発行所　株式会社　筑摩書房
東京都台東区蔵前二―五―三　〒一一一―八七五五
電話番号　〇三―五六八七―二六〇一（代表）
装幀者　安野光雅
印刷所　中央精版印刷株式会社
製本所　中央精版印刷株式会社

ISBN978-4-480-43653-5　C0195